思维导图

↓

高效

↓

决策法

[德] 西蒙·米勒（Simon Mueller） [澳] 朱莉娅·达尔（Julia Dhar）◎著

肖志文◎译

The Decision Maker's Playbook

湖南文艺出版社
HUNAN LITERATURE AND ART PUBLISHING HOUSE

博集天卷
CS-BOOKY

目录

—

CONTENTS

导语
你生存在 VUCA 的世界

人生由一系列的抉择组成。每天，我们面临着成百上千项选择。有些选择也许无关紧要（比如午餐吃什么），另一些需要深思熟虑（选择在哪里工作或生活）。当决策所需的海量信息扑面而来时，"错误选择"的恐惧感会让人心虚。我们身处的世界，变得越来越复杂，需要更好的行动方案来应对：一幅人生疆域里的完整地图。这就是我们所说的"思维策略"[1]，它通过更为有效的思维模型，帮助我们描绘现实，快速做出最优决策。

你手上的这本书，展示了我们选择的行之有效的解决问题、制定决策并施行的方法。想要在职业生涯与个人生活中更为快捷高效，那么这本书是为你量身定做的。思维策略有助于我们更快识别已有的模式与关联，避免常见的认知误区，以不同的视角审视世界，将复杂的问题解构之后，采取相应的行动——一解决。

我们将要阐述的思维策略源自广泛的研究与实践领域：统计学、政治学、经济学系统理论、投资学、运筹学、博弈论、医学、心理学、军事理论和哲学。你也将发现，当中的大多数"战术"，比原本的理论更好用。一旦你将这些思维策略熟练掌握并内化于心，将应用于更为宽泛的领域：从提升自我管理与团队效率，到改进组织的领导能力。这些都能有效化解你面临的人生困境与职业难题。

这本书能教会你从纷繁的数据中演化出自己的观点，克服认知误区，做出更理性的选择，寻找到最快最有效的实施路径。在书中，我们会以分析的立场来处理问题与决策。简洁、系统是我们乐于采用的方式，这里，采用清单的形式详尽阐释内容。

我们的目的是给你实用且立即应用的工具。我们俩撰写本书的初衷，是为了分享能被大众所运用的理念与工具。通过运用思维策略，我们决策的质量、速度和效率都显著提升。我们开始把这项技术分享给彼此、我们的团队及更广的网络，最后结集成书。我们俩相信，这些"战术"对你同样有所裨益。满怀兴奋之余，让我们一起开始这段旅程吧！

摩登时代

人民啊，你们能创造机器，创造幸福！

人民啊，你们能生活得自由美好，享受奇妙的人生旅程！

——查理·卓别林[2]

查理·卓别林饰演的小流浪汉日复一日地在流水线上机械劳动，成为电影史上最具标志性的场景之一。不知不觉中，小流浪汉变得越来越像机器人，只会重复做一件事：一次又一次拧紧身前流水线产品上的螺丝。

为了提高效率，工厂主管通过操控杆调快了流水线的速度。小流浪汉急忙跟上，越发不顾一切地完成工作来对抗越来越快的工作趋势。

今天，多数的单调重复劳动已被计算机算法或机器人所取代。卓别林电影中通过控制工人的一举一动来提升效率的工作环境，已不复存在（电影中为了不中断工作，甚至用上了自动喂食机）。如今的难题不再是简单重复的工作任务，而是如何处理各种繁杂的信息、选择与刺激。

工作的繁复程度与日俱增，商业的发展速度惊人，这是当下生活的真实写照。与此同时，破坏性事件频频发生，社交与数字的转型，为合作与创新的机会开启了前所未有的篇章。美国陆军战争学院（US Army War College）将我们身处的环境称作VUCA世界：剧烈波动（Volatile）、无法明确（Uncertain）、极端复杂（Complex）且捉摸不定（Ambiguous）。[3]

现在的世界，亟须创新的工具来协助我们做出正确的选择。

而解决下列问题，需要运用策略的组合：

- 技术发展日新月异的今天，我们该如何进行职业生涯规划？
- 购买房产或教育投资时，我们该如何做出明智的财务抉择？

- 我们的公司如何在不断破裂的环境中繁荣兴旺？
- 我们怎样进行决策，才能达到团队时效与资源的最佳状态？

面对复杂且不确定的问题，我们的自然反应会是过高评估风险，调低收益预期。结果却导致了思考的时间维度急剧缩短，即使存在更大的潜在长期收益，我们也会选择只关注当下的状况。毕竟，未来看上去遥不可及，并且充满变数。

处于这种思维模式下，我们如何排列优先级别才能做出明智决策？电影中小流浪汉仅仅需要一个扳手，就能让他努力在工作中领先一步，而如今，要想获得成功，我们必须有一整套的工具才能有效应对。

当然，这其中也有生物学的因素在起作用。我们与生俱来的决策能力，要应付当下的环境确实有些捉襟见肘。几百万年来，人类大脑通过进化机制已经能理解与优化排序多样的信息，并辨识其中的关联，做出相应的决策。我们通过接受教育与个人经验，形成了一系列的方法，来增进处理一些场景的思维进程，克服在另一些场景中的思维误区。可是，随着社会心理学与决策科学的日益发展，我们所掌握的常识也会经常性地应对不当。为什么？我们依靠进化程序与累积的经验协助我们决策，但我们身处的职业与个人环境变化已经一日千里，我们所受的教育（可以看作软件）已无法应付，更别指望我们的大脑（可以看作硬件）能跟上节奏了。

对领导者提出的更高要求

环境的变化，对经理人与领导者的素质提出了更高要求。人力资源的全球化进程也加剧了职场（工作机会）的竞争强度。拥有一个顶级名校的学位，已不能让你在这个社会站稳脚跟。相反，灵活应变的环境适应能力会变得越来越重要。同时，也要求你在快速的节奏中，始终保持头脑清醒，做出理性果断的正确决策。

要创建与保持思考决策中的优势并不容易。做到这些要下大功夫，努力，并练习。我们所处的环境瞬息万变，一成不变地遵循固有的思维模型与导图将不再奏效。根据各种特定情形，灵活调适我们的思维模型来与环境匹配，已经成为必需。

在新闻与信息实时推送的时代，领导者们不仅要做出正确的决定，更要当机立断。建立有效的思维框架与方法并了然于心，能让领导者分析、决策与采取行动的时间大大缩短。

如何使用这本书

《思维导图高效决策法》与你读过的其他商业书籍不同，与其长篇累牍地叙述事实，我们更愿意提供直接可视化的策略指南，这些方法也是我们反复总结、极为珍视的。为方便大家阅读，每一章（第○章与第十三章除外）都用类似于以下的结构展示：

- **这项思维策略的益处：**概述每项思维策略的独特优势。
- **检查列表：**提供循序渐进的指导。
- **更多案例：**展示不同情形下如何运用思维策略。
- **要点总结：**总结本章内容，提炼关键见解。

每一章都各自独立，意味着你可以快速浏览整本书后，找到最感兴趣的章节细致品读。不过，全书的逻辑和结构，与我们探索世界和解决问题的常用方式大致相同——观察、分析、制订解决方案并付诸实施。

- 第一部分，主要学习如何收集证据，同时也会引导你关注最为重要的事实与观察结果。你将学会如何聚焦之前忽略的数据与信息。
- 第二部分，主要展示思维策略中怎样将各个要点进行连接，从而在纷繁的事实与事件中建立因果联系。这当中包括如何将信号从噪声中分离出来，辨别出摆脱仅是相关性的因果关系本质。
- 第三部分，聚焦于问题解决方案所需的工具，并依此设计克服挑战的各类方法。这一步，不仅涉及有助于你扩展各种选项的思维策略，也包括一些实用的决策框架。

- 第四部分，涵盖了能有效执行解决方案的思维策略，并提供实现方案的多种实用技巧。

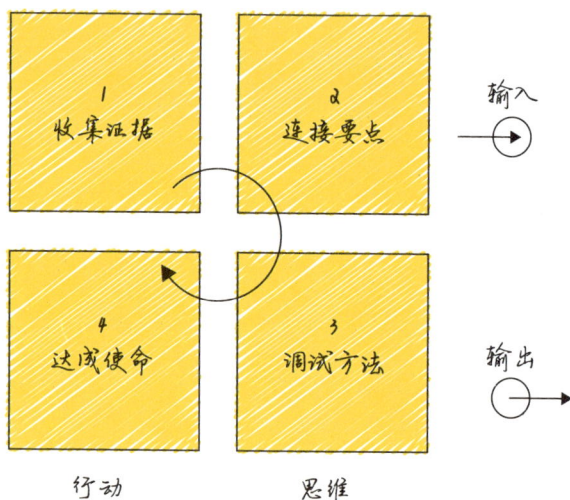

几点重要提示

思维策略是什么？你可以将它们看成思考与行动的工具，并在你的个人生活与工作中广泛应用。但其并不是用一个药方治百病。为了让这本书达到最佳使用效果，时常在脑中提醒自己以下几点非常重要。

- 思维策略发挥的作用是查漏补缺，不能完全取代你现有的思维模式。它们能增进我们已有的与现实互动的方式，在与世界理性共存的同时，改进个人的决策风格。

- 思维策略所引入与分享的，是解决问题的全新视角与系列工具。不过，它们并不能完全推翻你已形成的解决问题的方式。

- 这本书中所述的思维模式并非一应俱全。当然，我们在遴选思维工具时，设法保留了那些最值得推荐的选择，这并非易事。还有许多有效的方法未能涵盖，我们旨在提供新颖而有效的方式，意味着这不是一本为解决普遍问题而设的标准参考书。在考虑纳入哪些内容时，我们采取了以下的审视原则：

被验证实用。你可以称我们俩为职业的问题解决专家。我们与政府机构及公司长期合作，找寻出各类棘手问题的解决方案。本书中所阐释的方法，都曾用于解决我们工作中的日常问题。但是这些解决方案很少来自企业界，甚至是我们这行所独有的。相反，它们是更广泛领域的策略，甚至有些策略充满智慧而且前景广阔，我们也不得不忍痛割爱（有时也确实想将它们归纳进来，比如贝叶斯推断）。本质上，这是一本由实践者写给实践者的著作，我们更希望你将这些思维策略付诸应用，而不仅仅是停留于纸上思考。

被普遍低估。我们更倾向于探寻不为人熟知的思维策略。它们产生于我们对有交集的高效的思想家与决策者的观察（比如边际思

考）。此外，我们更着重思考直觉可观，但应用甚少的那一类思维策略。比如，对于如何提出激励机制的更深层理解，你可能有一定的了解，但我们在书中给予新的诠释。

为你能做出正确决策、采取快速行动、进行有效领导提供所需的工具，这就是我们的目标。

第〇章

你的问题是什么?

问题一旦阐释清晰,就解决了一半。

——约翰·杜威(John Dewey)

开始构建你的问题

在思考潜在的解决方案之前，我们首先需要明了真正的问题所在。在这里，我们先回顾一下定义：一个待解决的问题，是提出疑问并寻求答案或解决方案的问题。但是，未被普遍接受的一点是：提出正确的问题在解决问题的过程中至关重要。换句话说，提出问题本身就是解决问题的重要环节。

这是我们特意设置第○章的原因。通常，每当面临新的困境或机遇，我们的本能反应就是立即开始运转——收集数据，做出假设，组织资源或是测试方法。毋庸置疑，以上的行动都非常重要，我们稍后将一一展开阐述。在这之前，请允许我们在你的决策导图中加上一步：第○步，正确地提出你的问题。

1. 问题不只是存在，是我们主动选择了它们

大家接受的普遍假设是：问题一直在那里，你不需要四处找寻，是它们直接找上门来。这其实是个错误的观念。挑选问题并加以解决，几乎从来是主动选择的结果。不管是在私人生活还是职业场所所遇到的问题，都是如此。

举个常见的例子。大型公司随时都会面对一系列的挑战：持续

的知识产权诉讼，客户需求与偏好开发前景不明，新进入与转型中的竞争者，人力资源的短缺，领导层的过渡，潜在的罢工威胁，政治环境的不确定性，等等，不一而足。

仅仅是上述问题的纷杂与数量，就会让管理者在任何时点都无法聚焦于所有问题，必须厘清轻重缓急。而经常，这类选择都会由直觉或是情境驱动。设想以下的场景，前任首席财务官（CFO）被新任命为首席执行官（CEO），她自然会更多地从财务角度进行管理思考。在迅速找出成本剧增这个迫在眉睫的问题后，削减开支就成为顺理成章的选择。再比如，部门主管参加完领导力课程后，笃信部门发展的瓶颈是领导力缺失，于是立即要求每个团队成员进行个人化的领导力培训。

很明显，部门主管主动选择了一个亟待解决的问题：领导力缺失。确实，提出问题永远都是主动选择的结果。你的老板或上级可能替你做出选择，但你会比自己想象中对回应问题更具把控力。

我们再将目光投向与上述情境迥异的公共事务。可以将民主这样看似散漫无章的过程，看作一个提出问题的实践案例。候选人在不同平台上着重强调某些话题，同时有意降低另一些问题的热度。他们针对刻意挑选并反复重申的问题，提出相应的解决方案，再通过媒体宣传向公众推送。在这个领域，各类报纸、公共事务专家与政治评论员相互角逐，以获取公众的关注。而各个选区，则根据各自的政治理念选出最契合的候选人。

下一次，在马上进入解决问题的模式前，尝试退后一步，思考究竟是谁决定了所面对的问题——这是值得解决的问题。同时问问自己，他们是以怎样的视角做出这个决定的。

2. 不是每个问题都必须解决

当问题第一次出现在你面前，一般都会非常明显。上述我们提到的新任首席执行官，不久就发现销售费用开始失控，公司的部分销售人员多次搭乘高价航班，另一些人在开发潜在客户时，尝试报销金额不菲的晚宴账单。

显而易见，紧缩费用开支来降低运营成本，是合理的选择。

然而，如果你将这项政策所引发的第二或第三层次的潜在后果考虑在内，这个选择就会显得不那么明智。是的，削减开支将令高价航班与晚宴账单不复存在，但同时会耗费员工整理纷杂票据与陈述支出理由的时间与精力。这不仅让其无法专注于如何更高效地完成本职工作，也可能会阻碍他们做出销售晚宴与出差旅行的安排。

大致来看，这项政策的整体效果可能会导致销售团队的业绩下滑。从数据分析，以前年度的利润可以轻易将增加的费用支出抵消掉，这里，我们当然不是认为"过度开支"不是问题，它确实存在。不过在以上案例当中,最好的应对方式却是置之不理,因为削减开支带来的唯一(典型的)的后果,是你将创造一连串接踵而来的更糟糕的问题。

不言自明,所有存在的问题都不是正面的事情,需要下定决心加以解决。但如同上述所提出的费用超支问题,却可以刻意忽略。确实,我们初步分析问题带来的负面影响:超支会侵蚀公司基本的利润。而削减成本会令销售团队无法拜访更有价值的潜在客户,尤其是差旅开支花费更多的情形之下。通过深入分析,这项措施的最终结果,很有可能与预期南辕北辙。

3. 并非每个问题都需要立即解决

乍一看来,许多问题需要即刻的解决方案。但我们却无法分清轻重缓急。事实上,由朱、杨与赫西主导的消费者研究发现了一个影响深远的现象:"紧迫性效应"——相较于重要的事务,人们的思维会更聚焦于紧急的问题。在实验中,测试的主体容易将预期回报较低的优先级列于回报较高的事项之上,而原因仅仅是因为前者被归类为"紧急"。[4]

这种情形与大家熟知的优先级模型——艾森豪威尔矩阵类似。它被用于决定你解决问题的先后顺序。可能你多少会感到讶异,德怀特·艾森豪威尔，一位五星上将、二战欧洲盟军最高司令与美国总统，曾是那个时代组织与效率领域的大师级人物。在看穿了"紧迫性"的障眼法后，他写下了这句话："真正重要的事很少紧急，紧急的事很少真正重要。"[5]

将这个矩阵加以运用，来问问自己：

1. 你的问题有多重要？如果置之不理，最严重的后果会是什么？

2. 你的问题有多紧急？换句话说，解决问题的紧迫性如何？立即着手解决是否可以防止其后果扩散？或者，这其实只是一个微不足道的问题在尝试引起你的关注而已。

使用简明的2×2矩阵，对问题优先级就一目了然。

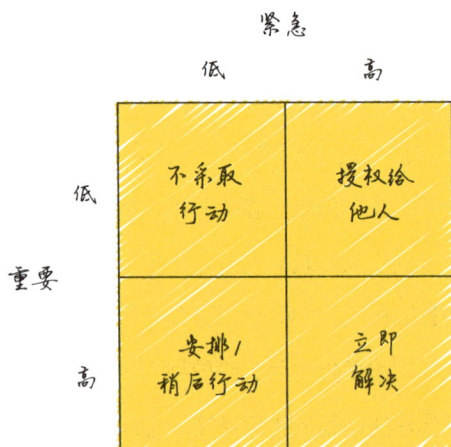

只有处于高+高类别的问题需要立刻关注重视，重要但不紧急的问题应该进行安排或"择时"处理。如果可以的话，那些紧急但不重要的问题，应该授权给他人解决。

4. 不是所有问题都要由你解决

现实中存在一些数量惊人的问题，任其自由发展，可能最终也会自行解决。不知你是否有类似经历，偶然找到一张废弃的月度待办事项清单，发现上面所列一些事项已经打钩完成，而另一些则放置一旁。十有八九，被遗忘的大部分问题最后已经得到完满处理。这当中，一部分是你亲力亲为，另一部分是假手他人，或者随着时间推移，它们已经不再成为问题。

我们从中得出怎样的经验？下一次，在写下你的待办事项前，问问自己，如果不去着手解决这个问题，会带来怎样的后果？这种"否则会有何后果"的情形，被称为"反事实"。

以职业抉择为例，当问及大部分学生的人生目标时，许多人会将"让世界变得更好"列在首位。达成这个目标至少有两种方式，要么通过改善他人的生活质量或生存环境（成为医生、政治活动家或救援人员），要么采取间接的方式，通过别人的努力来做到更好（比如向慈善机构捐赠）。

一般来说，个人直接从事重大事业的影响，会比接受高薪职位与向慈善机构进行数额不菲的捐赠要小一些。[6]因为那些能改变世界的关键岗位，总是人满为患，竞争激烈。如果某人退出救援人员的岗位，有类似技巧的候选人立即会补上空缺。所以，职业的抉择的真实影响很有可能远小于你所预期。

假设你是一位急诊科医生，在职业生涯中挽救过1 000人的生命。而你当时没有选择从医，其他人会取代你的位置。如此一来，你通过行医来拯救生命，改变世界的影响力并不会如你预想的那样显著。[7]让我们举一个简单的例子，如果你作为医生挽救过1 000人的生命，肯定是医术精湛，工作高效，而且拥有一颗为生民立命的心。与此同时，玛丽、乔和汤姆恰好毕业于同一个城市的医学院，他们背景相当，又是校友。假设在三人的职业生涯中，预计各自会挽救980、950与720个人的生命，而急诊科的岗位竞争完全且充分（医院会选择最优效率的医生），你相对于他们，"只有"20个生命的竞争优势。会发生什么？如果没有你，玛丽会取而代之，来挽救980人的生命。

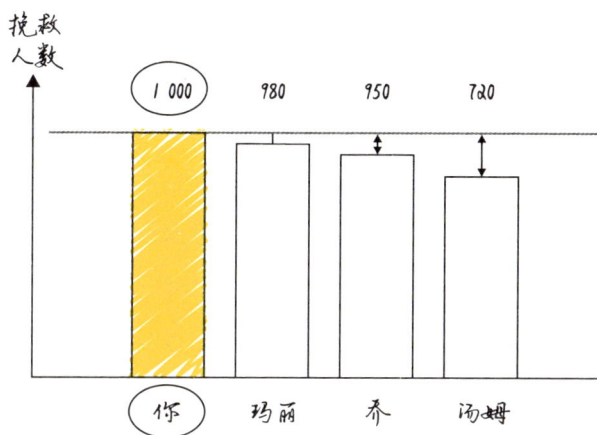

另一方面，下一次的慈善捐款一定没有如此激烈的竞争。慈善机构的困境往往是现金不足，而非人力短缺。从这种意义上来说，财务捐赠通常会是达成目标更有效的方式。

/////////////////// **检查列表** ///////////////////

怎样处理问题

☑ 记住，提出问题永远都是一项主动的任务

问题不是突然出现，而是主动选择与提出的。你首先做出的选择是接受问题，接下来会选择主动寻求解决方案。

☑ 问一问解决问题对谁有利，对谁不利

所有的问题天生都带有政治属性。有的人会从问题的解决中获得利益，另一些人则会遭受损失。以全球气候变暖为例，这对我们当中的许多人来说是灾难性事件，从人类整体利益出发，也是潜在的巨大风险。保持现状并阻止解决全球变暖政策的推行，对某些国家与组织而言却能受益。因此，问一问谁受益会有助于我们理解选择与提出问题背后的利益动机与机制。

☑ 仔细想想解决问题的第二层级效应

问题从来都不会单独存在。如上文所提及的公司费用政策改革的案例，在当中每个解决方案都会有第二层级效应出现。问一问自己，这或许只是一个更大的但不需要你去解决的问题的副作用表现。着手去解决它，可能会引发更多后续的问题。搁置一旁，反而会是更好的处理方式。

☑ 运用艾森豪威尔矩阵将问题按优先级排序

并非每个问题都需要立即采取行动。艾森豪威尔矩阵可以按重要程度与紧急程度对问题进行排序，你可以在仔细考虑手上的问题的优先级后，有效运用这个工具选择必须马上着手解决的问题，同

时将那些紧急性与重要性较低的问题调至较低的优先级别。

☑ 问一问如果问题无法解决，将会发生什么？

考虑一下与现实相反的效果（如果不采取行动，会发生什么？），这是衡量问题进一步的实际影响所需的重要步骤。如果某个问题已经得到了妥善处理，你就可以将注意力聚焦于如何有效应付其他问题上去了。

/////////// 如何找到合适的问题描述 ///////////

你是一家专门售卖儿童木质玩具的小型公司的老板，对于事业全心投入，产品也得到了全国各地父母们的如潮好评。这家公司是你唯一的收入来源，你在做出任何商业决策时就必须更为审慎。

你首先面对的问题是"我怎样才能卖更多产品？"，当然，达成这一目标有很多种方式：可以加大广告投放力度，组织各种形式的市场促销，通过口碑营销或是降低产品售价。以上种种举措，都有可能促进销量的增长。

销售数量 ← 我怎样才能卖更多产品？

营业收入 = ⊗

产品单价

利润 = ⊖

变动成本

营业成本 = ⊕

固定成本

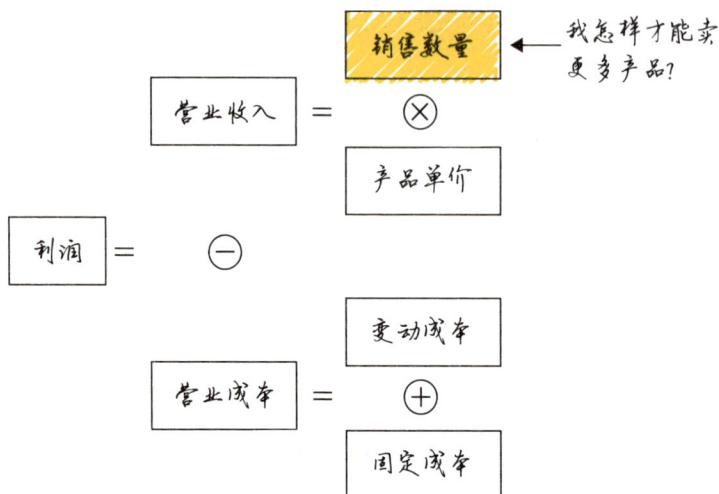

　　但是，你真正的目标并不是卖更多产品，而是利润。再重新组织一下问题的表述："我怎样才能提升长期利润？"这样会为你完全打开全新的选择空间。例如，你是否能提高产品单价，将增加的营业收入投放到新的广告上去呢？你是否能开发出价格较低相对简单的最新畅销产品，促进销量的提升呢？你是否能与上游供应商重新协商原材料的数量与价格，节省相应的成本开支呢？

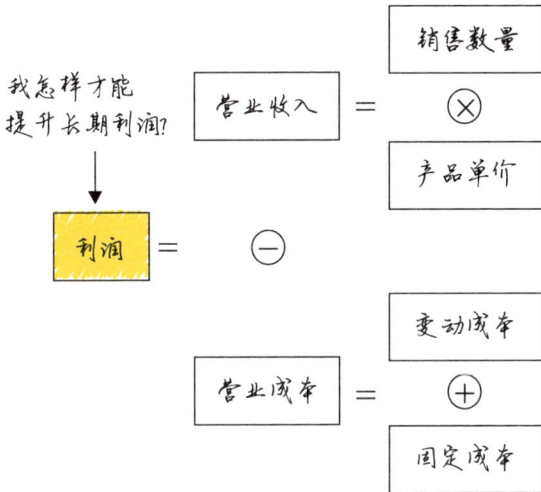

在将问题的焦点从销量转向利润后，你可以重新组织问题，随之扩展后的视野焦点转换成了由收入产生的各项财务指标。

我们组织问题的方式，通常定义了分析问题的方式。由此，重新组织问题会让我们寻找新的解决方案。如果最初提出的问题是片面或狭隘的，能找到的相应解决方案也只会是次优的。如果不能做到全局最佳（对真实问题的最佳解决方案），我们可能会陷入局部最佳（对问题描述以有限的视角做出的最佳回应）。

表现症状与根本原因

你是否能观察到一个更大现象的表现症状？比如一个人腿断了一定会很痛，但疼痛只是一个表面的症状，注射一针吗啡肯定会有止痛效果，但对于疼痛发生的根本原因毫无用处。对事实真相视而不见，可能会导致悲剧的结果。

如果你是一家软件公司的行政经理，过去的几个月里，你发现办公室里突然冒出了成堆的垃圾：用过的空纸杯，喝空的易拉罐，扔得遍地都是的餐巾纸与废纸。你会很自然地将责任归咎于公司的员工，因此，首先提出的问题描述是："我们怎样教育员工保持整洁？"

我们怎样教育员工
保持整洁？

- 向所有员工发送邮件进行提醒
- 在办公室放置更多的垃圾箱
- 张贴"谢谢你让办公室更加整洁"的海报
- 裁减公司保洁人员以"迫使"员工保持整洁

可以看到，这个问题描述能带来一系列很棒的解决思路。但是，你可曾真正地深入到导致问题发生的根本原因呢？办公室的脏乱可能与员工的行为直接相关，但也可能是不经意留在桌上或地板上的杂物、一次性的咖啡杯、拆除的塑料包装或者废纸。现在，将你的问题描述重新组织一下："我们怎样才能让办公室保持整洁？"

为扩大所寻求的解决方案的范围半径，我们将上一页图中内容做出以下调整。

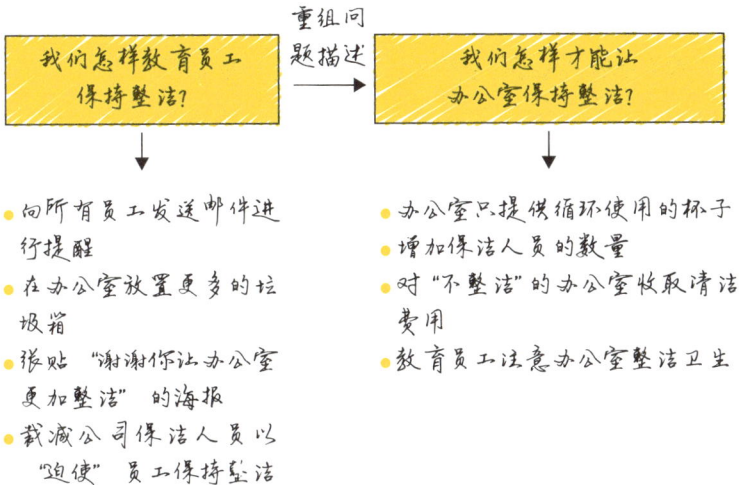

重组问题描述

| 我们怎样教育员工保持整洁？ | → | 我们怎样才能让办公室保持整洁？ |

- 向所有员工发送邮件进行提醒
- 在办公室放置更多的垃圾箱
- 张贴"谢谢你让办公室更加整洁"的海报
- 裁减公司保洁人员以"迫使"员工保持整洁

- 办公室只提供循环使用的杯子
- 增加保洁人员的数量
- 对"不整洁"的办公室收取清洁费用
- 教育员工注意办公室整洁卫生

按照以上的方法，你可以源源不断提出更多的解决方案，而最开始的问题描述，只是解决问题的一个方面。对于问题的根本原因，我们将在接下来的章节中进一步分析与探讨。

////////////////////// 检查列表 //////////////////////

如何找到新的问题描述

☑ 将更多不同的思维带入到讨论中

同时向那些从未遇到过类似问题的人咨询，他们从未面对过相同的困扰，所以会带着新鲜的思维来解决问题。理想状态是，找到足够了解问题的人，他们与解决方案不存在利益关系。以我们的经验，他们是描述问题最为客观也最为有用的一群人。

☑ 善用个人智慧，不要被群体思维所困扰

许多头脑风暴之所以失效，是因为当中有某一个人主导了群体的思维。避免此类情形发生的最好方法，是先让每一位参与者写下自己对问题描述的看法，接下来再进行群组讨论。当重新组织问题描述时，用词十分重要。确保让团队留出充分的时间来独立思考解决方案。至少在五分钟以后，再进行大范围的评价。

头脑风暴会议的时间要尽可能简短一点。每一位参与者尽量将所有的问题描述齐全。组织完整的句子很重要，一开始，先别急着做出评价，只需要简单地让团队提出更多的想法，不带任何的指导意见与判断。

☑ 以探寻问题来催生思路

提出疑问会有助于形成你手上问题的定义。要确保你只会在最开始的头脑风暴结束后，才提出问题或给予相关提示。提问的范例可以如下：

产生问题的根本原因是什么？什么只是症状？

如果你将视野缩小，会发生什么？如果接着再将视野放大呢？

问题解决后谁会从中获益？谁会遭受损失？又与谁毫不相关？

////////////////////// **要点总结** //////////////////////

问题并非简单存在，我们会主动选择与描述它们。优秀的决策者会从第○个问题开始："我面对的问题是什么？"反过来思考一下问题描述："谁提出了问题？它们当中隐含的利益是什么？"然后，再考虑重新组织问题描述是否能改善现状。这个问题需要解决吗？是否得立即采取行动？一定要由我来做吗？

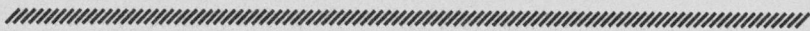

Part 1

第一部分　收集证据

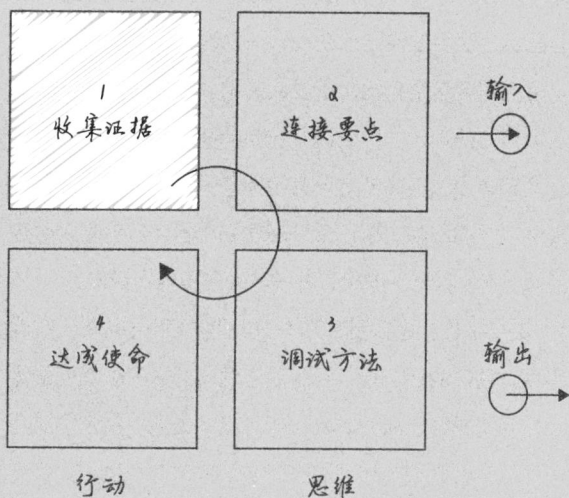

1 收集证据	2 连接要点
4 达成使命	3 调试方法

输入 →

输出 →

行动　　　思维

面对汹涌而来的信息，我们快要被淹没了。信息的数量不仅日益增加，增长的节奏也以前所未有的速率在加快。系统理论学者巴克敏斯特·富勒（Buckminster Fuller）注意到，在1900年以前，全人类的知识总量大约每隔100年翻一番，而在20世纪50年代，每隔25年就已经翻番。现在，随着互联网的崛起，这个时长被网络制造的海量数据进一步缩短。

与此同时，以吸收与利用信息为基础所创建的知识，仍然是我们尝试做出决策与采取行动的根本依据。信息的增长与知识的增长不尽相同，知识的增长也不等同于行动智慧的增长。

各类新闻的数量在稳步上升。而当中谬误、误导与不实信息同样在增加。在我们所处的社交媒体时代，这一点尤其危险。因为谬误与误导信息常常比其随后的更正版本流传得更快更广。

2016年美国总统选举周期中，一项突发事件引起了广泛关注。在2016年秋，一群右翼网民恶意编造了民主党与恋童组织有牵连的谣言。在美国这样的两党分立的国家，可以想象这个新闻所引发的后果。谣言立即在4chan（外国的综合型讨论论坛）与Reddit（一个社交新闻网站）之类的论坛迅速传播，接着在各大社交媒体上愈演愈烈。谣言中提及的一家位于华盛顿特区的比萨店，收到了成百上千的威胁。事件最终演化到一名持枪者闯入比萨店，用手中的来复枪扫射了三轮，万幸的是，并没有人在事件中受伤。

虚假信息常常会伪装成现实，这在我们所处的环境中司空见惯，变成了根深蒂固的社会性问题。最好的情况是，它们只会混淆公众视听。但最坏的情形是，它们会刻意误导与操纵，从而导致人们的错误行为。在本书的第一部分，我们将充分讨论如何收集数据与观点，以此形成意见与决定。我们会聚焦于用以刻意蒙蔽的扭曲的认知，它们不仅会让我们忽略应该重视的事实，而且最终会影响我们对世界的信仰。通过列举特定的范例，我们分析被曲解的信息，从而得出克服它们被曲解的系统性方法。

不幸的是，我们的认知系统通常受到各种各样的偏见影响与限制，收集正确信息并有效运用就会变得比想象中困难。当中比较典型的一点，是我们只会关注证实我们先入之见的那一部分信息，也只会选择与我们观念一致的人群打交道。这会导致心理学家所宣称的"证真偏差"的歪曲视角。[8] 我们心中所想常常会告诉我们的所观所见。满脑子都想着穿衣打扮的人，会特别关注其他人对于着装的选择。最近浏览过坠机新闻的人，通常会对飞机失事表现出超出常人的担忧。我们发现，人们最容易记起来最近关注的人和事、某个东西或某项概念。这种常见的偏差被称为"可利用性法则"。诺贝尔奖获得者丹尼尔·卡尼曼（Daniel Kahneman）与合作者阿莫斯·特沃斯基（Amos Tversky）为此在行为经济学中开辟了一个新的领域：WYSIATI（所见即所有）。[9]

认知的盲点确实很棘手，不仅是由于我们手上信息的缺失，更麻烦的是对缺失的信息毫无察觉。我们的大脑通常会将碎片化的信息堆填起来，以此创建具有连贯性的信息来跳过盲点。这样做的结果是我们会坚信我们已经将重要的内容完整地囊括在内，并依此做出特定的抉择，即使在这整个拼图中缺失了重要的组成部分。

这些认知的缺陷，让我们在做出决策时，对所需要的信息视而不见，同时会影响手上已有信息的有效利用。但是，我们有一系列的方法抵消认知局限，在这本书的第一部分，我们将介绍一些发现认知盲点、校正错误理念的有效策略。

第一章

——

点亮盲点：
承认未知并校正错误理念

我们经常在自己出现失误的时候还信心满满。

——丹尼尔·卡尼曼《思考，快与慢》（ *Thinking, Fast and slow* ）

//////////// 这项思维策略的益处 ////////////

收集与处理数据是解决问题的第一步。尽管如此，通往做出明智决策所需要的有力而精确的"事实库"之路，充满了陷阱与阻碍。这项思维策略会帮助你找出认知盲点，并校准你对自己持有观念的信心。

因为它的基本性质，无论何时你试图理解和解决一个分析性问题时，这项思维策略都可以应用。

//////////// 找到你的认知盲点 ////////////

2005年，吉米在一家出租车公司当上了出租车司机，当时这看上去是顺理成章的选择。在纽约市，从早到晚有大量职业人士的出行需求无法得到满足。刚开始的时候，他发现自己每天能轻松挣到200多美元。几年后，吉米似乎看到了财务自由的希望，决定在这个大有赚头的行业放手一搏，于是借了25万美元买下了属于自己的出租车牌照。

10年后，吉米却发现自己已经无力偿还当初所借的债务。越来越多的乘客选择互联网打车软件优步（Uber）与来福车（Lyft）出行，作为传统的出租车司机，吉米的收入急剧下降。即便不是在价格的高峰时点购入的出租车牌照（2014年牌照价格最高涨到了超过100万美元），他仍然只能与其他数千名纽约司机一样，承受着对App（手机应用程序）服务时代到来视而不见所带来的后果。[10]2018年《纽约邮报》的一篇报道中指出，每张出租车牌照的价格已经下滑至16万—25万美元。[11]

"共享经济"给我们的交通与旅行带来了颠覆性的变化。与素不相识的人同乘一辆车？在陌生人家中的床上入眠？在数年前这些事情看上去都不可思议。如今，共享经济已逐渐成为主流，同时也对现有的市场竞争对手造成了持续冲击。

是否存在一种系统的方式，能有效发现人们的认知盲点，并准确辨识出持有的错误观念呢？这正是我们接下来要讨论的内容。

- 第一，如何发现真正的认知盲点——决策所需要的信息里，有哪些领域完全缺失？
- 第二，如何找准并克服错误的理念。

关于世界现状与运行机制的理念

想要轻松地解决问题与做出决策，最重要的因素之一，就是你所持有的理念与事实和现实保持高度一致。

我们所坚信的理念（或在其缺失的情况下，即盲点）可以分为以下三个类别（或等级）：

1. 关于世界当前状态的理念（今天）：如果你在早上7：00到达机场，想要搭乘你认为会在8：20起飞的航班。实际上，这趟航班在6：20就已经起飞了。你对世界当前状态的理念就是错误的（错过航班就是对你所持错误理念即时的惩罚）。

2. 关于世界因果机制的理念：有一种错误观念认为接种疫苗会引发自闭症，这导致许多父母拒绝为孩子接种疫苗。从本地来说，会令接种率低于预防传染病扩散的最低标准。在某些地方，比如在明尼苏达州，反对接种疫苗的激进分子尝试说服为数众多的父母放弃对孩子进行接种，直接后果是2017年该地区出现了70例麻疹确诊病例。[12]

3. 关于世界未来状态的理念（预测）：如果你要在赛马中押某匹马赢，你一定相信它具备在竞争中取得相对优势的能力（等级1）。同时赛马组织者会精确记录每一匹赛马的成绩，这是一个可以信赖的运行机制（等级2）。

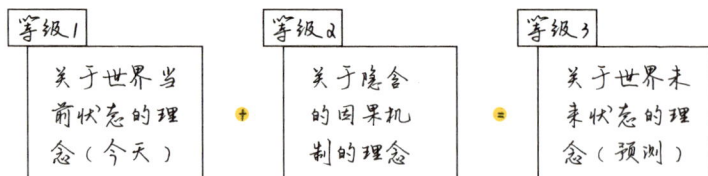

等级1		等级2		等级3
关于世界当前状态的理念（今天）	+	关于隐含的因果机制的理念	=	关于世界未来状态的理念（预测）

如上所示，等级3中的理念通常都是前面两个等级的理念共同作用后所产生的结果（隐藏地或是明显地）。

让我们重新审视前面所提及的纽约出租车司机吉米所处的境况，哪些理念会影响他所做的决定？他可能持有的理念如下：

- 对乘客对于共享出行的接受与偏好程度估计不足（等级1），或低估了乘客偏好变化的节奏速率（等级2）。

- 过高估计了出租车司机协会对政府立法来维持行业现状的游说能力（等级1）。

- 过高估计了纽约市人口数量、人均消费水平以及与之相应的乘客出行需求的增长速度（等级1与等级2的混合）。

当然，在这个时点我们只能进行猜测，但是任何或者所有以上的理念，都可能令吉米对出租车行业的美好未来抱有期望，因此做出投资购买出租车牌照的决定也就不会意外了。

可以预见的错误

无论何时，我们在形成对世界当前状态与机制的理念的过程中，不确定性总会以各种形式存在。对此，你不必感到惊讶，我们并非无所不知，也无法处理所有的事情。

尽管如此，我们存在的某些认知局限是结构性的（因此也可以预测）。它们一次又一次地以相似的方式来戏弄我们，并扭曲我们的思维。这些认知局限被称为"认知偏差"。这一领域也吸引了日益增长的科学家群体进行研究，研究当中不仅涉及行为经济学的内容，也涵盖了神经科学。

举个例子，我们可以实验性地展示以下的倾向：

• 对于某个特定话题，我们受最先获取的信息影响最大，而且会一直印象深刻——"锚定效应"。

• 对于新的信息与证据，我们无法将其完整地更新到自己已有的理念中——"信念修正效应"。

• 在不确定的环境下做出决策时，会完全忽略概率发挥的作用。

我们将在下一章中，对这几类最为重要的认知偏差进行更为全面的讨论。[13]

承认错误并不是件时髦事

我们的认知偏差以多种方式存在，同时也受到了强大的社会标准的限制。所遵循的常规很难被克服，因此改变固有理念就难上加难了。承认自己无法应答某个问题，或是答案存在错误，的确会有些不体面。假如一位首席信息官（CIO）在季度业绩报告中出现了错误的数据，一定会受到质疑。那些所谓的杰出管理者，常常是因为拒绝表现出人类天生的犹豫，才会在别人眼中显得强势。他们也必须了解如何跨越障碍，大胆向前。[14]

我们并不是在批评人们没保持谦逊，而是对某种假设的态度或能力表达质疑。比如，简单地说一句"我不知道"，可能会被认为"我没有能力知道"，这说明你存在认知局限。或者，会被理解成"我并不想知道"，这意味着你缺乏追寻答案的动机。

############### **无知的各种类型** ###############

将各种无知的类型正确地进行分门别类，有助于你快速识别它们。下面所列举的矩阵，能有效将理念的真实性与预计的信心水平区分开来。

- **理念的真实性：** 某件事是客观真实的吗？或者，它是不是错误的？

- **信心水平：** 你对自己持有的理念的真实性有足够的信心吗？或者，对其是否真实的不够自信？例如，你是否能确定身边某位同事会升职？是他的上级悄悄将消息透露给了你，还是他出色的业绩表现，引起了你的大胆猜测？

当你尝试在世界中探索真相，每天需要做出上百个各种决定时，就会发现自己经常处于下页矩阵的左上角那一格。举一个不太恰当的例子："你早上打开咖啡机开关的时候，心里面很清楚它一定不会爆炸。"

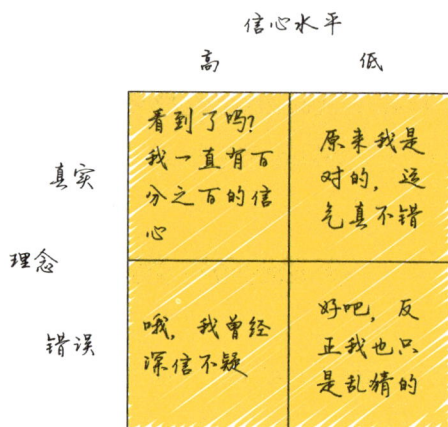

信心水平

	高	低
真实 理念	看到了吗? 我一直有百分之百的信心	原来我是对的,这气真不错
错误	哦,我曾经深信不疑	好吧,反正我也只是乱猜的

对于矩阵左下角的那一格要格外提防，这是过于自信的明显标志。在美国，从整个20世纪90年代到21世纪最初10年，居民住宅的价格持续飙升，但我们当中只有少数人预见到房价可能下滑的风险（更别提房地产市场会崩盘）。但是，累积的风险最终确实爆发了，并引发了大量的房屋贷款违约导致强制收回房产的多米诺效应，对整个金融系统以及经济都造成了不可估量的负面影响。对单边趋势的预期，在这个案例中是上涨趋势的一致预期，造成了众多投资者过度自信与自满。

在评价我们自身所拥有的技能时，信心水平过高的情形也会经常出现。这被称为"达克效应"（Dunning-Kruger effect）。[15]
那些技能水平不高的人，常常会将自己的水平评估为相当优秀，这意味着他们从根本上缺乏正确评价自身表现的能力。当然，一个人对自己所掌握技能的预期与拥有的真实能力之间，的确存在着某种相关性，但两者间的相关性并未像想象中的那么大："表现最好的25%的参与者会在指定的测试中对自己的表现信心不足，而表现最差的25%的参与者反而会过于自信。"

　　那如果我们还未形成具体的某个理念呢？原因有可能仅仅是对某事的存在浑然不觉。比如，你未收集到关于人工智能（AI）相关风险的充分信息，可能只是你并未感觉到这些信息的存在。在这时，以下的矩阵就会派上用场。

	认知度	
	有认知	无认知
已知	知道已知的	不知道已知的（不适用）
未知	知道未知的	不知道未知的

关于事实的知识

让我们从矩阵左上角的那一格开始。"知道已知的"[16]是相对直接的既具有确定性，又明确体现因果关系的情形。在这个领域内，对于存在的问题与对应的解决方案一般都不会存在争议。举个例子，假设你的汽车有个轮胎没气了，这个问题表现得很确定（你会注意到轮胎漏气后变扁了），而且导致问题的原因也很清楚（轮胎上扎了一颗钉子或是被划破）。相应的解决方案也会毫无争议：立即换轮胎。

接下来再看看位于左下角的那一格"知道未知的"。这类问题的典型范例就是教科书上的问答题了。因此，每当你遇上这类问题，专业知识就是最佳解决方法。例如，你在学到数学教科书中的合并这一章的内容之前，对如何合并方程式毫无头绪。而学完之后，通过正确方法得到答案就轻而易举了。从表面上看，这一类的问题会显得极其复杂，有些让人望而生畏。"答案"也存在多种可能性，如果你回头仔细想想，会发现自己其实解决过许多类似的麻烦。

在矩阵右下角的一类问题才是真正的认知盲点。"不知道未知的"大概是最麻烦的，仅从字面上来理解，我们并不知道自己未知的是什么，所以就不会存在对于问题的特定行动建议，确实也无从下手。尽管如此，也存在一些新的方式能对它们进行具体描述，运用以下我们介绍的一系列方法，就能帮助你将无法想象到的事情具体体现，同时将"不知道未知的"这类问题从右下角的那一格移至左下角的位置。

发现盲点与避免错误理念

1. 了解大脑如何思考

要克服认知盲点，转换错误理念，就得面对思维的三个敌人，不过它们的存在也让这项任务富有挑战性。

在上述章节讨论过，我们的思维一般会有以下倾向：

- 自动地去寻找确认自己预期的证据。
- 用动听的故事填补空白（也就是说，看似可信的和可信的）。
- 善于找出眼前事物的错误，而不擅长寻找缺失的信息。

先来看上述第一个思维倾向，一般被称为"选择性认知"。我们习惯于搜集那些用以证实已有价值与理念的证据，而不是去寻找那些挑战我们所持有理念的信息。想克服这一点，首先要清楚自己的什么价值观念是正确的，必须明白你对世界保持什么样的信念。这不管是对自己的认知能力，还是对你所吸收的媒体资源信息都很重要。同理，这一点对社交媒体一样有效。

其次，我们的思维通常会被动听的故事填补的空白所影响。这种现象不仅会发生在做出决策之前，决策之后也是如此。曾有人做过一个让人印象深刻的实验，科学家们在集市上设置了摊位请人们来试尝果酱与茶，路过的人尝过味道会被要求说出自己最喜爱的味道组合。每一位参与者做出选择后，他们将再尝一次，并解释这样选择的理由。这时，在他们毫无察觉的情形下，研究人员会偷偷将瓶中的东西换成与之前完全相反的味道，而参与者只有不到三分之一发现了当中的差别。[17] 可以看出，即使事实与已有的经验并不相符，我们的大脑也会快速地将思维与实际之间的裂隙自动填充。

最后，人们对发现眼前或者已知的事物所存在的错误，远远要比辨识出所缺失的信息更加容易。如果是对作者而言，这已经司空见惯。举个例子，在检查你的文件或演讲材料时，寻找漏掉的内容（应当陈述但遗漏掉的观点或者假设）比纠正存在的错误（例如，错误的陈述或不合逻辑的假设）就困难得多。

2. 尝试提出最有力的反面观点

我们会沉迷于已有的世界观，也很容易从自我出发看待问题。同样，我们会为自己定义让自己感觉舒适的位置，并全力捍卫它们，这变成了一件很执着的事情。

尽管如此，如果我们能提出自己对立面可能存在的最佳论点，这会是一项很棒的练习。不仅要给予他们完全的信任，让他们（或者你自己）提出最好和最有说服力的观点，来指出你为什么是错的。他们所得到的支持越多，发现你观念体系里存在的漏洞就会越容易，你对反面观点的共情也会增强。著名思想家丹尼尔·丹尼特（Daniel Dennett）在思维与意识哲学方面进行了许多有益的探索，他曾写道："你应该尝试来重新表述自己目标的位置，要更加清晰，更生动，更公正。这样的话，目标会回应你：谢谢，我真希望我也能想到用这样的方式表达。"[18]

3. 时刻保持谦逊

要防止自己过度自信，最有效的方式之一是每时每刻都保持谦逊。伟大的物理学家与教育家理查德·费曼（Richard Feynman）曾说过："我聪明到足以知道自己很蠢。"[19]谦虚所带来的，不仅是时刻调整心态，以准备承认自己可能的错误，还会让你不停地去寻求建议，找到反复确认所持理念与判断的各种方式。

4. 为理念加上概率并反复校准

你可以具体说明你的理论，而不是简单地将你是对的和你认为是对的的事物进行对比。每天对保持谦逊进行练习的一个方式，是在遇到任何理念时，都在它们身上附加概率。

在本书的附录中，我们提供了一套经过验证的信心水平校准方法，并使用范例加以阐释。

5. 对你所持有的理念下注

你一定听过这种说法：光说不练假把式。身处在社交媒体驱动的世界里，我们用以交流的时间越来越多。回到现实，我们也会对很多事情轻易做出断言，或是胡乱猜测，这样的行为并不会存在什么后果。但是，如果我们用更高的标准要求自己，并将思考的后果也考虑在内的话，这会不会激励我们产生更为严谨的思维，同时对自己所持理念更为投入？

要做到这一点的一个简单方式，就是形成对自身理念与预测投注的习惯。如果一顿昂贵的晚餐或是数百美元都要依赖于我们预测的准确性的话，我们在给出答案时就会倍加谨慎。乔治梅森大学教授亚历克斯·塔博罗克（Alex Tabarrok）形象地将这种方式称为"为你的胡说八道交税"。[20]

6. 形成质疑的思维模式

2017年《柯林斯词典》的年度新词条是"假新闻"。普遍意义上，这多被当作对自己并不喜欢的新闻与媒体进行攻击的武器来运用，它不仅传播广泛而且迅速。作为问题解决者，我们必须将假新闻拒之门外。首先得学会如何识别它。

断言应该由两个标准来分析：

1. 这个断言本身可信吗？

2. 信息的来源可靠吗？存在利益冲突吗？

从第一点开始分析，一般来说，我们都习惯于用凭直觉获取的世界知识来衡量某个论断的可信度。如果这个观点与自己已有的世界观相符的话，它看着更加可信。反之，你就需要更多的支持证据。用卡尔·萨根（Carl Sagan）的话说，"不同寻常的论断，需要不同寻常的证据来证明"。[21]

接着来谈谈第二点，我们充分相信信息的来源吗？

在研究发现糖的消费量与心脏健康问题之间有直接关联后，糖业研究基金会终止了这项研究，而且研究成果从未向公众发布。同时，基金会当中一位高层人员约翰·希克森（John Hickson）却私下付钱给哈佛大学两位有影响的科学家，展开了另一项研究。研究结果将引发心脏健康问题的主要原因归咎于饱和脂肪酸。[22] 这个案例体现了理解驱动你的信息来源来发布相关内容多么重要：为什么要费力地去宣扬或者散布某件事情呢？驱动信息来源这样做的目的是什么？他们的资金从哪里来？更为关键的是，谁会从中受益？

驱动发布信息背后的力量不必总是邪恶的，以科学领域的出版偏见为例。文档记录显示，科学家们倾向于只发布具有显著正面效果的文章。[23]换句话说，一项研究的结果在某种程度上决定了其获得发表的可能性。无论是从研究者还是新闻记者的角度来看，这种行为完全可以理解。但是，这将导致科学研究结果的某种失衡，进而会扭曲某些重要科学事项所达成的学界共识。

除了目的驱动之外，问问你的信息来源，是否能提供真实的陈述？他们真的能做出必要的研究与分析，得出可以信赖的信息吗？如同你不会想向一个酩酊大醉的人问路一样，在腿断了以后也不会随意找一位缺乏正规医学训练的精神治疗师就诊。

7. 了解别人的心思

正如上面所讨论的，在解决问题的过程中，我们往往倾向于过早选定某种解释，即便之后遇到了相反的证据，也会坚持自己的见解。我们接受故事与具有情节叙述性的解释，但是忽略寻找其他诠释的诉求。要解决这种与生俱来的偏见很简单，你需要深入了解他人的心思来寻求帮助。

日常工作中，你必须要与各种各样的人打交道。很可能他们的认知盲点与你的不一样，每个人的人生道路也不尽相同。将他们安排成不同的角色，你可以刻意地运用他们的分析聚焦来检验各种理念，以下有两种特定的"角色"在群体设置中经常用到。

1.唱反调的人： 这一类人永远是团队中最重要与最关键的成员。他们会指出某种方法的问题与风险，并不一定要与你针锋相对，只需要一门心思来测试所持理念的有效性。他们会寻找到你完全忽略的新证据，而你自己也许从一开始就不会有动力去寻找这些反面证据。美国中央情报局与政府的承包商中也存在类似的练习，他们被称为"警戒队伍"或者"警戒单元"。这些群体存在的目的是挑战固有的理念与观点，测试其中存在的瑕疵、盲点或其他缺陷。"9·11事件"发生以后，中央情报局创建这样的部门，经事实验证是一项行之有效的反恐应对措施。[24]

2.事实验证者： 他们会揭示陈述中隐藏的假设，并反复检验事实的有效性。与"唱反调的人"不同，他们不必与你持有完全不同的观点，其角色仅仅是用证据来更深入地挖掘事实，展示隐性的假设，比较不同的陈述，并在对话当中引入事实做支持。

有一种不真实的期望，就是大家会自觉地扮演团队中的特定角色，尤其是在等级分明的组织结构中，人们往往缺乏足够的动力来提出质疑。最好的方式是指定专门的人员担任相应的角色，你也许会考虑频繁更换这些角色，比如在团队的每一次会谈中来进行角色轮换的练习。这样不仅会对你手上的工作大有裨益，同时也会让这些角色扮演者变成更专注、更有质疑精神的思考者。

////////////////////// **要点总结** //////////////////////

人类并不具有与生俱来的检验错误理念的机制，也不擅长承认自己知识贫乏与无知。恰恰相反，我们通常会寻求支持与确认自己偏见的相关证据，并编造各种故事来填满自己认知的空白。要想成为优秀的问题解决专家，至关重要的一点是，必须经常反思现有的观念体系，调整自信的水平，并主动提醒自己保持谦逊的心态。

第二章

打破偏见：
看穿大脑玩的把戏

有一种矛盾又正确的说法是：我们知道的越多，在某种意义上反而变得越无知。因此，只有通过思想的启蒙，我们才能对自己的局限有更清醒的认识。准确地说，智力进化最令人满意的结果，是能持续地为我们打开更新更广阔的前景。

——尼古拉·特斯拉（Nikola Tesla）

/////////// 这项思维策略的益处 ///////////

对拓宽视野而言，系统性地展示与检验你存在的思维偏见是一种有效方式——这不仅会让你看得更加清楚，思路也会更为广阔。在收集证据的阶段这一点尤为关键，你提供分析与建议（输出）的质量，是你所输入内容的功能体现（所收集的证据与数据）。你设定目标时，应该是尽可能做到客观与全面。

要记住，这些也不过是个人的偏好，并不是我们所谈论的每一件事都会得到回应。你甚至可能从未做过这当中提及的任何一件事情。此时我们会客气地提醒你，你可能正处在过度自信的风险中，这样就很好。这时对于快速判断提出的纠正方法，而且对你更加清楚地考虑问题与所处的环境以及打交道的人，都会很有帮助。

我们认为当你处于搜集信息状态、加工信息状态和认真思考状态时，这项思维策略对你有所帮助。

/////////// 看穿大脑玩的把戏 ///////////

你是否曾有过类似的经验，在结束漫长的一天工作回到家时，却完全忘了自己是怎么到家的。你是否会一次又一次地点同样的午饭套餐，即使大脑深处隐隐感觉换成别的选择可能会更美味一些?

你遇到过某位与你朋友长得很像的人，并立即在大脑中形成了对他个性的判断，在相识几个月后，发现其实他与你的朋友性格迥异，但你是否曾费了不少时间才质疑自己当初的假设呢？

我们已经讨论了如何克服认知的盲点，发现与转变错误的理念。现在我们需要来探讨，当你开始收集证据来更新所存在的理念时，会发生什么。我们想要着重强调的是，人类在处理信息的技巧方面是具有局限性的。本能反应如何强烈地驱动我们的决定，同时指引你克服所遇到的各种偏差？以下，我们会提供各种工具，来帮助你克服以上的困境。

认知偏差

最近的几十年里心理学家与行为经济学家们发现，许多认知偏差会系统地扭曲我们进行信息收集与决策实施的过程。双重处理理论认为，人们的决策受到两个相互隔离的系统所指导。[25]系统1是较为老旧的系统，是我们作为原始生物进化的遗存，它主要依赖于本能。相对地，系统2由理性与思辨来主导。[26]可以将系统1看作本能反应系统，系统2则是经过深思熟虑后的思维系统。

系统1通常反应更为迅速，也会比系统2运用得频繁，并且要自动许多。但是它所依赖的是根据经验所建立的各种原型与粗略的估计，我们的祖先不必清楚地辨识远方视线中出现的模糊物体是犀牛还是狮子，唯一重要的事情是：决定向前进攻还是准备撤退。系统1类似于某种思维自动导航系统，比如你曾有过的将车拖入自家院子的行车道上，这一段记忆丢失后却又摸不着头脑，莫名其妙地问自己车为什么会在这里。系统1只提供思维的导向，这对于我们要重复多次做出的相同决定非常有用，因为在日常工作生活中需要面对的相同情形实在太多，系统1的存在就能有效避免我们被信息所淹没。

与之相对应，系统2的思维常常被认为具有审慎求证、劳神费力和深入思考等特征。我们运用系统2的场景也很多，例如，当使用一门刚刚学习的语言来造句子时，在按照说明书来组装宜家的家具时，或是在设立公司新业务部门的利弊分析时，等等。

在近几十年中行为科学家们发现的多数认知偏差，都是在需要更多思考与反思的情形之下运用系统1所产生。换句话说，在上述情形中系统2的运行效果会更佳。许多案例中，系统1的思维会以某种方式来限制我们的视野，我们会只聚焦于事物的某一种形式，或特定的某一个方面，而忽略掉其他部分。以下将探讨各种偏差会以怎样的方式来阻止我们更为有效地收集信息，同时也会提出克服与纠正偏差的方法。

进化产生的益与弊

随着认知科学、社会心理学的判断研究与决策的疆界在不断扩展，我们对于人类作为信息处理者与决策者存在的局限会有更为清晰的认知。截至目前，研究人员已将超过一百种会阻碍我们正确判断的认知偏差记录在册。有些讽刺的是，这当中的一部分偏差恰恰是我们赖以生存的技能。世界是如此复杂，我们几乎每天都需要面对海量的信息，你可以将这些偏差看成某种筛选工具，协助我们来将敌人与朋友、食物与毒药、机会与风险一一区分开来。现代社会中，我们的数据处理需求会变得越来越复杂。

在这里，我们的目标是辨识出一些可能影响到你（还有我们所有人）决策的偏差类型。解释一下，这些偏差也不可能涵盖所有的类别，不过，我们希望你能掌握以下三点：

● 信息收集与处理根植于我们天然存在的动物本能当中，寻找真相在快速信息处理与自我保护的面前，始终处于次要的位置。

● 当你的团队在尝试系统性地收集信息并将之合理化时，许多可以预见的偏差会一直存在，而且反复出现。

● 不过，你可以采取措施来辨识、降低与对冲这些偏差，我们在此会分享一系列行之有效的工具。

经研究人员记录的偏差超过了一百种，我们介绍的是当中一部分会影响我们进行证据处理的最重要的偏差类型。[27]

////// 3S：简单化、合理化与持续化 //////

在这里，我们对于在日常工作与生活中常常遇见的几种偏差做出简洁阐释，由于本书的第一部分聚焦于收集证据，我们也将重点关注在证据收集阶段会限制你的观察能力的偏差类型。不用太担心，当进入决策与行动阶段后，我们会继续讨论其他相关的一些偏差内容。

当我们为准备做出决策而处理信息时，经常会遇到三种认知扭曲（3S）的情形：首先我们会将观察到的信息简单化（simplify），再尝试将它合理化（sense），随后将形成的理念持续化（stick）。这个过程你可能毫无察觉，因此在未经训练的情况下，你几乎无法准确及时地认识到这些偏差的存在。

我们习惯于过快地简单化与类型化

在某些方面，我们的大脑与鲨鱼的确有些相似。不停漫游，持续地搜寻猎物，对在这个过程中碰到的信息也是一口吞下。人类算是具有天赋的信息搜寻者，与饥饿的鲨鱼一样，我们对一路遇到的信息会立即进行处理，完全不细细思索与检验。理解数据的某一个点本身并不困难，事实上，这通常会是一种高效的方式。而出现的问题是，这会掩盖我们接收到的其他信息，这被称为锚点现象：证据中存在的独特的点，将成为影响我们决策记忆最深刻的内容。这些内容通常来讲，是那些不同寻常或是特别具有代表性的例子。

类型化的一些广泛类别包括与观察、数据收集相关的一系列偏差，比如说"合取谬误"（conjunction fallacy）。以下是阿莫斯·特沃斯基与卡尼曼在1983年发表的研究论文中的原文："琳达今年31岁，单身，十分聪颖并且直言不讳。她所学的专业是哲学，作为一名学生，她特别关注歧视与社会公正的话题，同时她也会参加反对核武器的示威游行。"

接着，他们提出的问题是："以下哪一项表述看上去更为正确？"

1. 琳达是一名银行出纳员。

2. 琳达是一名银行出纳员，也是一名女权运动的积极分子。[28]

研究结果发现，绝大多数的人在面对问题的选项时，不约而同地选择了第二项，许多统计学者也都做出同样的选择。

如果你更细致地来审视这个问题，无论如何都会注意到一点，任何两种结合在一块的表述（A正确同时B正确），都至少需要当中一个表述是正确的（A正确）。但是，因为关于琳达的基本情况表述与公众对女权主义者的预期恰好符合，我们就顺理成章地做出了第二个选项正确的决定。

来看看接下来的这张图，重合的阴影部分代表琳达同时是银行出纳员与女权运动积极分子的概率。这一部分会永远小于（或者等于）"银行出纳员"的概率。琳达同时是银行出纳员与女权运动积极分子的故事，从叙述的合理性角度出发，会更令人印象深刻。但是从统计学的角度观察，琳达是一名银行出纳员的表述看上去会更真实一些。

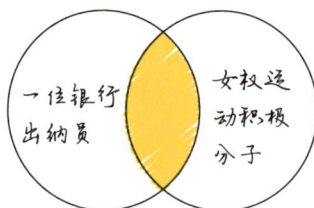

我们会寻找合理性与故事，即使它们不存在

我们不仅都有紧紧抓住第一眼看到的信息的冲动，也会尝试将吸收的信息尽可能快速地合理化。作为人类，我们具有向周围的人讲述故事的本能，也喜欢将故事尽量讲得简单明了，同时一并将原因解释清楚。事实上，世界上的事情都很难由单一的原因导致，不

过，我们会相信，无论是讲述给自己听还是告诉别人的故事，通常都是单一原因导致。

我们的大脑记忆故事比数据更为容易一些。在一项非正式的研究中，斯坦福大学珍妮弗·艾克（Jennifer Aaker）教授在课堂上要求学生来复述同班同学的演讲内容，只有5%的学生能记住当中的数据，却有63%的学生能复述演讲中的故事。艾克教授在《卫报》的一次访谈中说道："研究表明，我们的大脑并不擅长理解超长的事实或逻辑，更擅长理解与记忆各种各样的故事。"[29]

当我们拥有一小部分信息，来为周围的故事构建框架与情节时，以上的效应更为明显。比如，我们经常依据某个决定带来的后果评判其质量，或者以此预知未来的决定，这里的显著范例，是在当我们在对自己这样说时："茜拉竟然会是这么优秀的营销经理，如此看来我们的招聘流程一定无懈可击！"用后见之明来评价我们当初的选择是有风险的，它不允许我们正确地衡量随机的运气和计算出的风险。

想要知道我们究竟有多喜欢各种故事，并随之形成不同的结论，先来看看决策科学家乔纳森·巴伦（Jonathan Baron）与约翰·赫尔希（John Hershey）所做的一项有意思的实验，他们向学生展示了一位55岁的心脏病患者的案例，病人可以通过心脏搭桥手术获得治愈，但手术存在8%的失败致死风险。最终医生还是决定进行手术，研究人员告知一半的学生这名患者手术后幸存，而告诉另一半他不幸死亡。听到患者死亡的学生，都认为医生当初做出了错误的选择。[30]

我们会坚持自己的解释且固执己见

一旦我们掌握了部分证据，并由此编织了一个故事，就很难与之割舍开来。我们会习惯于沉迷在自己的故事当中，大脑会寻找任意的理由再将它强化，这种现象被称为"证真偏差"——一种寻求新证据来支持已有理念与故事的倾向。

证真偏差深刻影响着我们如何观察与处理所吸收的各类信息。例如，你的团队中新加入了一位成员艾弗莉，在第一次团队会议上，你注意到艾弗莉沉默不语，由此你做出了相关记录，提醒自己艾弗莉是一个腼腆与内向的人。在接下来的每一次会议中，你都试图收集各种证据来证实这个判断："艾弗莉在会议中又一言不发，在团队发生争执时也很少说话，与人交谈中寡言少语。"如此种种。证真偏差是如此强大，让你几乎忘记了艾弗莉在第二次团队会议中频频发言，竟然超过了5次。你甚至不会记住艾弗莉在同事间热情洋溢的交谈，或是与新供应商充满活力的讨论。

你已经形成了自己的观点，此时大脑就像一枚锁定了攻击目标的导弹，每时每刻都在搜寻着确认这种观点的信息。

消除存在的偏差

你已经充分了解，大脑会不可避免地玩这些把戏，你自然会参与其中，看看自己能否找到克服各种偏差的办法。当你踏上这个旅程，首先必须认可系统1在很多方面的确有用。这很好理解，如果对吸收的所有信息都要再三权衡，细致考量，我们会不堪重负。不过，它也会对你深度思考、做出客观的决策形成障碍。而假如它能在某些关键的时刻及时中断运行，这对目标的达成会很有用。下面分享一些对我们非常有用的操作方法。

对自己保持怀疑

首先，明白偏差会在什么时候出现非常重要。我们在这本书里反复强调，对自己如何决策要保持足够的警醒，是什么力量在驱动你做出选择，这是在众多决策中你要踏出的第一步。而这类情景化的知觉（提醒），会让你立即对被环境中存在的偏差潜在影响的决策情形做标记。要问问自己，你对事实究竟有多确定？你对自己所持的理念有多坚定？

你拥有的信心水平越高，就越不太可能会留意或主动去寻找与已有理念相悖的证据。比方说，你对自己公司的新产品特别有兴趣，甚至有一点狂热（可能因为你参与了产品开发过程）。

这时，你就很难听得进其他部门针对新产品的批评意见，也无法客观理性地去接受在市场调查中潜在客户对产品的负面反馈。

每当我们新结识某个人，立即就会形成对他或她的主观判断。这很难避免，我们的大脑对人的第一印象远比第二、第三或是第十次形成印象的重要得多。事实上，第一印象会深刻影响你随后产生的所有观感。作为一个认知的起点，当你度过每一天时，得时刻注意自己可能受到3S影响的各种情形。

要想找到更多自己可能对产生偏见毫无察觉的情境，我们可以提供一个非常有效的方法——哈佛内隐联结测验（Implicit

Association Test) [31]。这项测验重点关注大脑在不同类别之间做出的自然联系（例如，你更可能将科学家与男人还是女人联系起来？你更可能将"家长"这个词与男人还是女人联系起来？）。参与这项测验并不会消除你存在的偏差，但有助于你留意该关注哪些重点。[32]

留意收集客观证据的方法

一旦你已经辨识可能产生偏差的情境，必须以有效的方式来与自己的大脑抗衡。这时，需要引入新的方法收集客观证据，同时讲述不同的故事，当中最佳的方式，是寻找客观、全面的证据。

假设我们是哈佛大学商学院就读的同学，在这儿我们也会一同见证顶级教育机构哈佛大学，在以理性的系统2思维取代以本能思考的系统1的各种尝试。哈佛商学院的MBA课程中，学生在课堂上的参与程度会计入最终的成绩，分数权重为50%。[33] 可以想象，在开课的第一周，授课老师会自动形成学生踊跃发言的预判，同时可以预见，某位深受模式化思维影响的教授，也许会做出男生可能比女生更为自信与决断的假设。

从过往的数据看，一直以来男生比女生的课堂参与分数高。为了让课堂讨论程序对所有人更为公平，学校引进了分数记录系统——一个手写的黑板，在课堂上登记每个学生发言（或未发言）的情况。对教授来说，这比起依据自己带有偏差的印象与记忆，可以更为客观地统计分数。

保持多元化

在收集相关证据时，要学会刻意寻找与你相反的观点。你几乎可以在所有领域进行这样的操作——寻找自己不太关注的媒体（也许是一张报纸或一个新闻网站），记录在周会上性格内向的团队成员发言的频率。在生活中找到持有相反政治观点的朋友，向他们寻求阅读内容或推特新闻评论员的建议。我们与来自世界各地的朋友都应该这样相处。例如，对朱莉娅来说，她对于澳大利亚本土政治局势可能有充分了解，但她需要一些助推去关注欧洲南部的新闻。

////////////////// 检查列表 //////////////////

如何消除存在的偏差

☑ 在你弄垮自己之前反复检查

如同我们之前推荐的，对每件事都要保持质疑的思维模式，对自己更是如此。每个人的思维参考框架都有局限性，做出这样的假设会是一个合理的起点。对此，也要随时以各种方式进行拓展。

☑ 建立一个客观证据的基础

当需要做出的决策足够重要时，第一步设定的目标是系统性收集证据来回应问题，不能仅仅依赖于自己的印象。要能回答以下问题："要怎样才能改变自己的主意？"

☑ 管理接收到的信息

找到多元化接收信息的方式，不要等你必须解决问题时，再去临时抱佛脚。要经常保持对信息的敏感度，时刻记得打开自己的新视野。

//////////////////// **要点总结** ////////////////////

　　我们的思维会选择走各种各样的捷径帮助我们穿行于这个世界。这当中最大的麻烦是决策环境在不停改变，当今世界中社会条件的设定会引起各种类型的偏差，在收集数据与证据的过程中，三类偏差最具相关性：首先是我们会将信息简单化与类型化，其次是会过快地接受看上去合理的故事，最后我们几乎是与生俱来会固执己见。主动消除自身的偏差需要时间，但可以通过有效的方式来解决。我们要承认自己的认知可能存在扭曲，与此同时，要刻意训练自己的思维由系统1向系统2切换。

第三章

——

探索数据：
收集、检验并将数据可视化，发现当中的要点

我们的目标就是将数据转换为信息，将信息转换成洞察力。

——卡莉·菲奥莉娜（Carly Fiorina）

惠普公司前首席执行官

//////////// 这项思维策略的益处 ////////////

当我们开始去检验或解决某个问题，很自然地首先会去寻找相关的证据。在这时，我们会紧紧抓牢发现的第一条线索，这个方向可能会对你产生误导——如果你的数据不能正确合理地反映现实，存在的风险就是你会完全错失信息的要点。

从通常意义上来说，我们都是数据的消费者，而不是直接的分析与制造者。你经常会带着批判的眼光审视他人所表达的观点，而忽略整理自己在手的信息。因此，你需要列出的清单看上去会有些不一样，这会是一份在什么时候该提出什么问题的指南。

//////////// 收集、检验并将信息可视化，发现当中的要点

你选择在什么年龄创业？

在美国硅谷的一个流行观点是：最好的科技公司的首席执行官一定是最年轻的。他们不仅极具新颖的创意，能打破现有行业的界限，而且时刻对承担巨大风险有充分的准备。在这里我们可以暂停一会儿，在脑海中想象一番那些极其成功的科技公司首席执行

官的个人形象，他们看起来会是怎样的？我敢打赌，肯定都是牛仔裤、运动鞋，年轻气盛而且可能会有些稚气未脱。这是一个普遍的假设，甚至大多数风险投资人与投资机构都会按图索骥，对30岁以上的科技公司首席执行官根本提不起兴趣。知名科技孵化机构Y-Combinator的联合创始人保罗·格雷厄姆（Paul Graham）告诉《纽约时报》说："我们选择的创业者年龄分水岭是32岁。"[34]

这是典型的硅谷首席执行官形象吗？

一眼看上去，以上的假设的确有合理性，我们随时都可以拿知名的明星创始人马克·扎克伯格（Mark Zuckerberg）举例，他在哈佛大学的宿舍的时候，就创立了脸书。谢尔盖·布林（Sergey Brin）25岁成为谷歌的联合创始人。这样的案例比比皆是。由此产生的问题是，其实他们都根本不具有代表性，这一点，可以用数据进行直接的反驳。我们想要阐释的是如何运用数据化的证据来形成具有说服力的观点，但我们常常都有些力不从心。

先将目光从这些首席执行官身上转回来，首先，我们想要向你提供一系列正确收集数据的工具，并做出合理解释。这些工具会帮助你克服刚刚讨论过的各类偏差，从而开启更为理性与客观的决策思维。

通常来说，做出持续且高质量的决策的首要步骤，是获取有助于形成客观公正观点的数据。我们当中的许多人认为自己有把握吸收、调控所需的数据，并对它们做出合理化解释。但事实可能恰恰相反，我们常常不会清晰而细致地思考问题，即使事关一大笔资金。我们拒绝以设计结构化的、数据驱动的方法来解决面临的问题，即使我们能这样做。正如保罗·格雷厄姆在某个访谈节目中所提到的："我会被任意一个看上去像马克·扎克伯格的人所哄骗。"[35]

回到我们谈论的首席执行官们，你会发现，青年才俊型的首席执行官到最后也不过是一个神话。这时轮到四位既有天赋又喜欢用数据说话的研究人员登场了：皮埃尔·阿祖莱（Pierre Azoulay）、本杰明·约内斯（Benjamin Jones）、J.丹尼尔·基姆（J.Daniel Kim）与哈维尔·米兰达（Javier Miranda）将上过杂志封面的那些20多岁的炙手可热的首席执行官，或是十几岁就成名的创业者的数据收集整理。同时，他们对一项业内知名的创业竞赛的数据进行统计，发现比赛中表现优异的获胜者的平均年龄为29岁。[36] 这项比赛的评委都是见识广博、经验丰富的投资者，他们一定知道自己在做什么。但他们都错了。

以美国人口调查局（US Census Bureau）的数据为基础，研究者们将美国境内创业者的年龄进行综合统计，得到了出人意料的结果：创业者的平均年龄是42岁。这数字比19岁就创立脸书的马克·扎克伯格大了一倍还不止。更有意思的是，研究发现年龄稍大的创业者容易获得更为显著的成功。这当中，越成功的创业公司（以员工增长率为指标筛选出当中0.1%的公司），它们的创始人的年龄反而越大，上限直到50岁左右。从以上的数据看，我们认知与熟悉的创业精英形象，其实与预期中的马克·扎克伯格大相径庭。

在这里，我们想要让你停止再以单个数据为基点展开思考（不管是异常值还是平均值），从现在开始，用数据分布来分析问题吧！

形成假设

有时候，你会接到一大摞的数据报告，比如说季度销售报表，各个国家GDP（国内生产总值）增长率的长长列表。这些可能都需要你做出合理的数据解释。同样，你也有可能是提交数据的那一方，要对接收的解释做出是对或是错的检验。

做出数据合理化的第一步是形成系统性思维。首先，我们强烈建议你大胆做出假设，并以此为基点校验整个工作流程。如果基础假设缺失，可能就会永远围着手上的数据兜圈子，无法取得任何有意义的进展。[37]

面对一个或多个特定问题，你可以将数据分析看作制造出针对性的重要观点的机会。开始这样的训练，第一步是描述一个明确且清晰的假设，通常以提议的形式出现，而非问题。想象一下，如果你拿到了公司销售人员的年度业绩数据，当中部分销售人员因为业绩突出获得了绩效奖金，其他人只拿到了固定的底薪。你会很好奇，这些额外奖金是否物有所值。接着，你会记下随之而来做出的各种假设（可以将其看成一些初步的想法）。这些假设看上去会跟以下的快速列表类似：

假设1：当有额外的激励奖金时，销售额就会提升。

假设2：销售额的增长水平将随着激励奖金同步提升。

假设3：最终实现的销售额的增长会超过所支付的激励奖金。

在我们指导公司新员工或者直接下属时，有时会发现他们往往对做出假设踌躇不前，总担心一旦假设不被认可，或多或少会产生负面影响。可能你也曾经听到过类似的说法："我不会冒险轻易地形成一个观点，除非我已经完整地看过所有数据"，或是"现在说什么都还太早"。以上言论的逻辑都很好理解，但是，从本质上来说，假设只是一个提议，并不是答案或者结论。大胆表述出假设的目的，是将问题按优先级排序，并进行结构化分析。如果不做假设，你会迷失在数据的海洋中，漫无目的地漂流与搜寻。如果你并不是数据分析者，而是分析的最终消费者，假设的步骤也不可或缺。在你团队中的某个人或是顾问正在着手开始这一步时，积极参与形成与改善你的假设会至关重要，只有这样，你才能在整个过程中得到自己理想的结果。

仔细审查数据

经过思考以后，即使你已经形成了一定数量的假设，先别急着去一一对它们进行检验，首先需要审查你的数据是否真正支持这些假设。以下的检查列表，提供了我们在投入数据集合之前，所能提出的各种问题的概览。

该问什么？	为什么它重要？	范例
这项数据集合具备完整的代表性吗？	你的数据需要与现实有大致相似之处，通过以下两种方式可以达成：完整的总体数据，随机的样本。如果你的数据并不足以构成所观察的完整总体，或不是一个统计的随机样本，这就不具有代表性，意味着你无法从中得出有效的数据参照。尽管如此，它仍然可以针对你处理的问题提供一些有用的参考，但你对此应该保持谨慎	你手上可能有公司每位客户的具体交易明细数据，按你的目的，这些可以被当作完整总体数据。但是，假如你只有信用卡的交易数据，缺少现金交易的部分，这可能不能具有完整的代表性。收集完整的总体数据有时会很麻烦，或者无法采集，或是成本过高。比如说，你想了解机构里每位员工的工作满意度，可以逐个去询问，或是对同一类人采用随机抽样的方式完成，最重要的一点，是选取的样本在考量的维度上与完整的总体数据相似（在同一个数据池里，每一次都选择相同数量的男性与女性，并特意有代表性地按年龄选择年纪大与年纪小的员工，同时充分考虑不同的工作地点的因素）

续表

该问什么?	为什么它重要?	范例
这些数据集的来源是什么?是怎样采集到的?	你所采集的数据如果带有偏差,或者不具备代表性,会出现以下的警示标记: ● 自我选择的回应:是否还存在着任何特别的次级群体,比其他人更愿意来做出回应? ● 自我报告的回应:人们会更愿意以讨好对方的方式来做出回应,这种倾向很普遍 ● 自我利益的分析者:你对主导研究的人员所选取的数据,在结果中所体现的利益要持怀疑态度。例如,某家清洁剂公司所做的研究结论显示,大部分家庭中都遍布有害细菌,而使用该公司的产品会有效减少细菌数量。这个结论就值得怀疑 ● 策划好的问答与观察到的行为:当你想要得到健身房会员的锻炼习惯数据时,询问会员下周是否愿意来锻炼,比分析会员的健身打卡记录(显示偏好)得出的结论,其指向性效果明显要低一些	继续使用上面提到的公司员工调查的例子。如果你向所有员工发放一份满意度调查问卷,应该假设自己得到的回应会是具有充分代表性的。谁真的会对这项调查做出回应?那些对公司非常满意的员工,还是那些愤愤不平的员工?或者,做出回应的会是那些和很好或很坏的调查结果利益相关的人? 其次,要特别注意的一点,是你询问某人在做什么,不如观察他们到底怎么做,或是做出了什么成果。作为一名行为经济学家,朱莉娅一直信奉的格言是"每个人都在不怀恶意地误导着他人"。人们都倾向于过度夸大自己积极的一面,同时有意地抹去那些负面的行为。这通常被称为自我服务偏差(selfserving bias)。任何时候,你依赖于自我报告产生的数据,就应该寻找可能存在自我服务偏差的风险。 例如,你问一对异性伴侣各自承担多大比例的家务劳动,两人所报告的比例相加,一定会超过100%。很明显,通过观察他们的真实行为,或者只是翻阅他们的家庭日记,都会比简单询问的效果要有价值得多

续表

该问什么?	为什么它重要?	范例
谁在这一系列的数据中未被收集? [38]	很重要的一点,是明白谁或是什么在你的数据集合中遗漏掉了。这当中,存在的两种失效模式要引起注意: ● 随机遗漏的数据:可以将这种模式看成在数据中被排除的观察结果,这并不影响你真正感兴趣的相关变量 ● 非随机遗漏的数据:与上述相反,在你的数据列中遗漏的观察结果会以某种方式来影响你真正感兴趣的变量。同时存在的系统性偏差会显著地扭曲从数据集合中提取的要点	这两种数据遗漏的类型究竟是怎样的? ● 随机遗漏的数据:假设在5月的某一天,你公司旗下的某一家店铺中收银系统记录失灵,对单个店铺而言,全年就只有364天的交易数据,除非缺失的那个交易日特别重要(比如黑色星期五购物节),否则遗漏的数据不会改变公司在分析评选最佳店铺中造成的影响。其实,你也可以用上一年同一天该店的交易数据补上,这样整个分析就不会有缺失 ● 非随机遗漏的数据:在你所要分析的公司销售数据中,某些州的网上店铺销售数据遗漏了。数据集合中只有这些州的线下实体店铺数据,当然也包括了其他州的网上与线下的销售数据。面对这种情形,你在继续进行分析之前,必须找到有效的方法来收集缺失的数据。否则,你只能用手上的数据得出关于公司线下实体店铺的销售分析,无法获取整个线上渠道的结果

/////////// **用统计方法处理数据** ///////////

现在，你已经完整阅读过前面表格的内容，对自己手中的数据也心中有数了：如果看上去具有代表性、相对不带偏差、与你的目标很契合，符合以上条件的话，就可以好好运用了。

我们的大脑常常会执着于经济学家所说的"参照点"上。参照点从概念上表述，指的是可以理解并作为基点组织思维的那一部分数据，平均值就是典型的参照点。现在来重温数学课的内容：平均值是将集合中所有数据相加后，再除以数据的个数所得出的数值。从这个意义上说，平均值的用途不小，我们得想个主意看看如何运用。

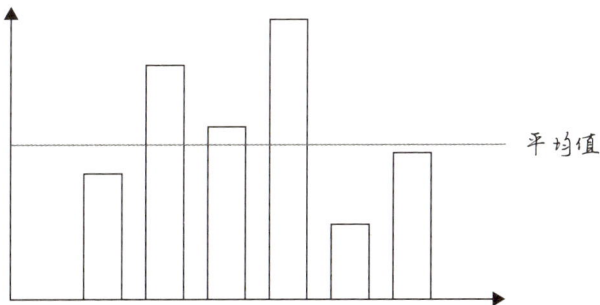

平均值

而从某种意义上来说，一个平均值几乎毫无用处。与此同时，普遍存在于企业高管、教育者、政治家与分析师脑中的关于平均值的常规思维，甚至会时常产生误导，制造不小的风险。但另一方面，平均值也可以成为有力的激励工具，人类总是热衷于将自己与整体平均水平进行比较，并且经常会尝试去击败它。

作为分析的起点，我们以一位班上有30名学生的生物教师为例。他会定期对学生进行书面测验，以此来判断学生对所教授课程内容的理解程度。当然，总有一些学生表现得比其他人要好，以下是一个简单的测验得分散点图：参加测验的学生数量在y轴表示，而他们所得分数在x轴表示。

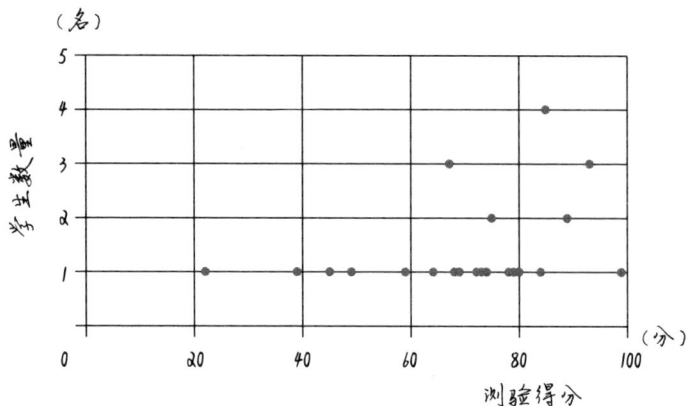

我们可以依据上图做出关于数据分布的观察与判断。在总分为100分的测验中，有一小部分学生的得分低于50分，大部分学生得分介于60—80分，也有相当数量的学生得分处在80—100分的区

间。想要让任何一个新的数据集合产生意义，第一步需要将其列成一个直方图，这其实是重要但又不太讨喜的图形。一个直方图可以立即让你开始探索各种可能的概率，也提供了让你将某个观察结果（在这个例子中是测验得分）可视化的机会。

下面我们看看将以上表格数据转化成的直方图。

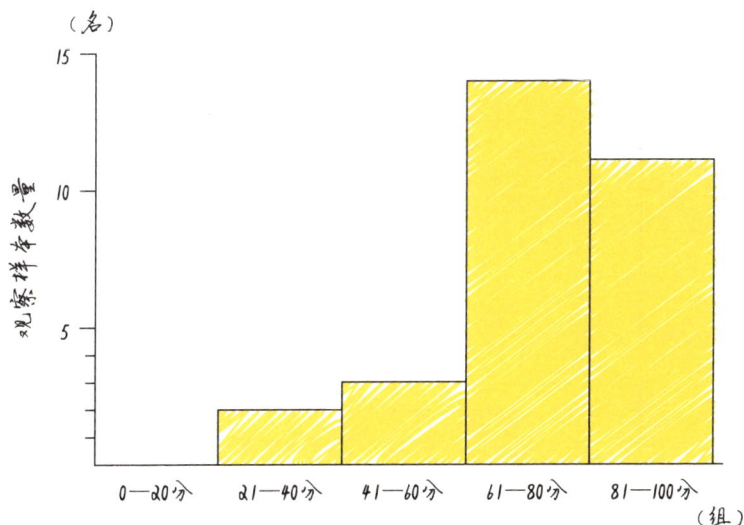

一旦画出了直方图，我们就可以立即着手检验低于与高于平均水平的成绩，也能开始分析这些数据是如何分布的。

下面是一个简单的数据分布图，在班级测验中，大部分学生表现不错，也存在一小部分学生发挥不尽如人意。我们回到之前的销售额与激励措施的例子，或是IT（信息技术）支持团队与所接收的技术支持请求之间的关系。以上种种，直方图都能将你的数据形成直观的印象。我们可以看到，测验中中等数量的学生表现优异，最大数量的学生表现较好，而只有极小部分（在挣扎的"尾部"）的学生表现平平。

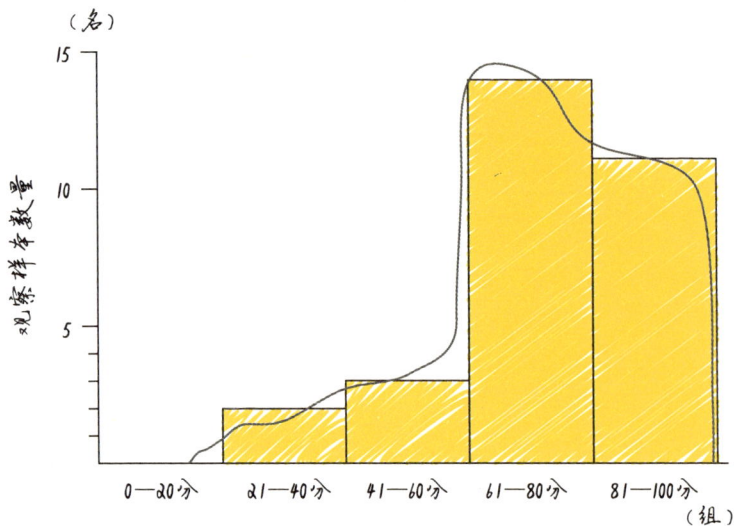

从上图中，你所得出的印象会是平均（或中位数）得分并不显得特别有用。但是，这当中存在其他几个得分区间，值得你特别留意。你也许会想要通过观察最高分与最低分来理解学生测验表现的范围，一旦创建了直方图，立即可以进行一系列的描述性统计，探究数据所描述的。接下来，我们将开展上述的统计分析，目的是帮助你理解数据分析的意义，并不一定是要急于得出各种结论。例如，我们无法从以上的直方图中观察出测验的难易程度，得分最低的学生是否由于理解错误，或是生病影响发挥，又或是午餐后精力无法集中。根据在手的直方图，下一步可以进行"五数概括法"（five-number summary）。

////////////// 运用描述性的统计数据 //////////////

五数概括法是协助你进一步探索数据的简单而有效的工具。在上述例子中的数据集合中，我们可以得出如下图形：

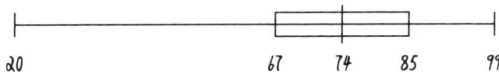

这个图形被称为"盒须图"（box and whiskers plot），它也是一个用途一直被低估的图形，其实在可视化数据方面的运用效果非常突出。盒须图有效地展示了以下五项内容：

● 中位数，或者说是在数据分布中位置最中间的一个数值。在某个特定的数据集合中，提取出中位数与平均数是最有效的手段。这比选出异常的数值（例如，非常高或是非常低的分数）的敏感程度要小。

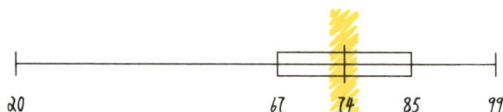

- 集合中最低的观察数据，这个例子中，属于那位不幸只得了20分的学生。

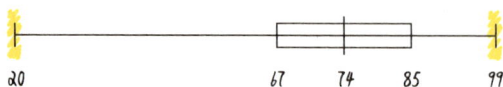

- 集合中最高的观察数据，这个例子中，指的是那位拿了99分的聪明学生。

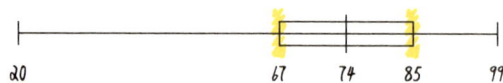

- 集合中的第一个四分位数与第三个四分位数，这个例子中，分别指的是67分与85分。

这些数据练习看上去不费吹灰之力，在规模较小的数据集合中，手工进行运算操作就可以完成。在大一些的数据池里，就要用到专业的数据分析工具（微软Excel、SPSS、Stata、R等），这可以让你对数据进行即时的计算处理，在做出任何数据验证之前，获取一份简洁的数据全景描述。

以上所用到的三个工具（散点图、直方图与盒须图）对于理解数据含义作用不小。可以想象，在某个时点里，假设你是一位呼叫中心的管理者，我们所分析的数据代表员工接听电话间隙平均的空余时间，很容易就能发现谁的工作表现突出，谁又拖了后腿，对于整个团队表现水平的变动区间，你也一目了然。如同以上盒须图中，老师能立即区分拿到的测验数据，并不需要再对30位学生一一考察，而是仅仅筛选出当中四组学生的表现，针对性地采取不同的应对方案即可。

进行数据分布

现在，你已经明白在一个数据集合中数值是如何分布的，接下来我们要介绍一些常用的分布类型（如何塑造我们的数据），并帮助你预期在哪里可能遇到它们。[39]掌握了各种分布类型及它们可能在什么地方出现，你就能做出相关观察与事实判断，及时进行验证。更为重要的是，了解典型的数据分布，可以合理推测你并未掌握的数据。而理解自己的数据如何分布，你就超越了仅仅分析单个数据的阶段，从而能辨识出一系列的新模式。

正态分布

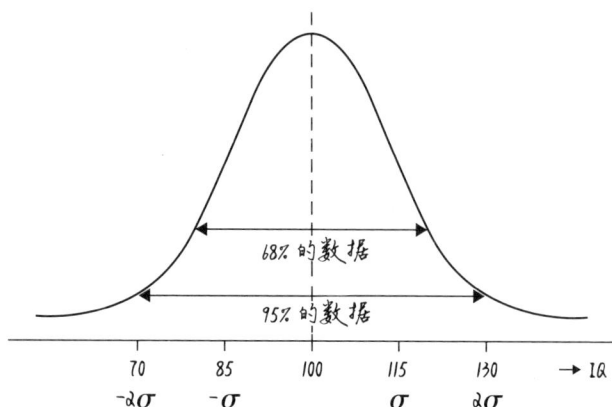

这个数据分布图形，也许是你最熟悉的之一（按形状通常被称为"钟形曲线"），它的发明者是著名的数学家与物理学家高斯，所以我们也称为高斯曲线。在自然历史中，这是出现最为频繁的分布图形。比如，人类身高或是智商的分布，都是以钟形来展示的。人类总体的智商中位数是标准化的100，从上图中，意味着你可以得出68%的人类智商处于85—115之间，95%的人类智商处于70—130之间的结论。换句话说，你不太可能碰到一位智商高于130或是低于70的正常人。

帕累托分布

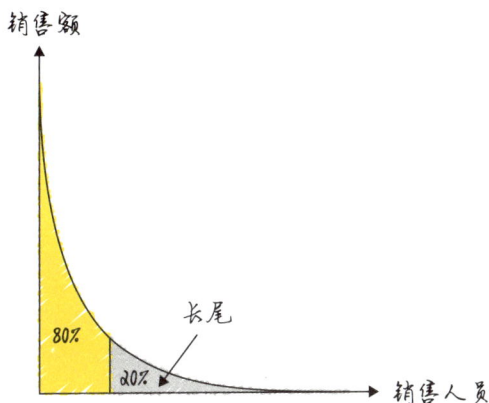

你一定听过二八定律，这是指80%的销售额是由20%的销售人员创造的，或者，80%的投诉是由20%的客户发出的。这种常见的现象可以用帕累托原则来解释，当你看到类似的数据分布时，代表由一个相对少的投入对相对大的输出结果负责的描述。

这类分布通常在什么情况下出现呢？许多社群（尤其是网络社群，比如维基百科与优兔）主要由部分超级用户所驱动。超级用户指的是在网络平台上花费大量的时间与精力的个人。而数据集合中的超级用户，则是指那些位于两个标准差之外（有时相隔非常远）的数据。不要小看他们的影响力，其可能会大大超过所占整体数据的比例。

举个例子，2015年知名网络博客Priceonomics的报道声称，维基百科中出现过一些严重异常的数据分布，在其2 600万注册用户中，大约12.5万用户（低于0.5%）是主动的"编辑者"，而在"编辑者"中，在过去6个月中仅仅有1.2万人做出超过50项以上的内容编辑。[40]

在考虑自己的普通客户时，应该同时问一问，谁会是你的超级客户？他们会做出怎样的贡献？你能为他们提供多好的服务？或者，你如何理解出现的统计数据异常分布？你思考中的变化能对他们起到作用吗？

泊松分布

每当你估计事件所需要的平均时间、范围或数量时，就会用到泊松分布。在现实世界中首次使用泊松分布，是统计1875—1894年间因遭马匹踢踹意外致死的普鲁士士兵的数量。其他的例子包括每小时到达门店客人的数量，每个月打电话发出问询的顾客人数，或是每100万个飞行小时里，飞机失事事件的数量。

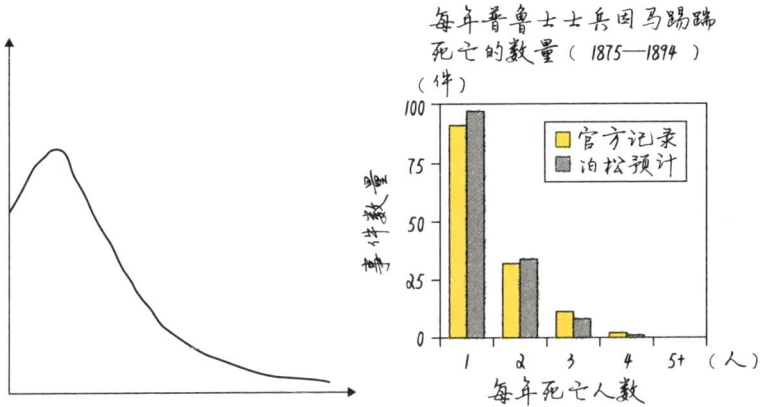

每年普鲁士士兵因马踢蹄
死亡的数量（1875—1894）

（件）

官方记录
泊松预计

每年死亡人数

5+　（人）

均匀分布

均匀分布（也称长方形分布）是所有数据分布中最简单的一种类型。典型的例子就是随机选择美元钞票上的流水号，或是你扔色子出现的任意数字，或是你转动俄罗斯轮盘后得到的结果。

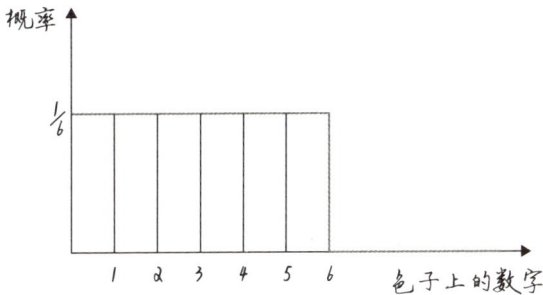

概率

$\frac{1}{6}$

色子上的数字

////////////////// 要点总结 //////////////////

　　分析中首先使用的数据会决定你的结果产生多大效用，甚至决定它是否有用。要确保你数据的高质量，也要形成合理的假设。要不停探寻超出平均水平的方法，对你的数据要有全局性的掌控（通过关注描述性统计数据，形成隐含的数据分布观点），这才是真正的要点所在。

Part 2

第二部分　连接要点

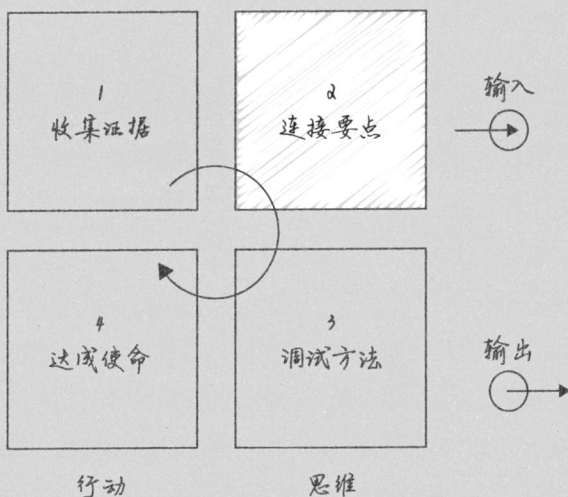

1 收集证据	2 连接要点
4 达成使命	3 调试方法

行动　　　　思维

输入 →⊕

输出 ⊙→

本书的第一部分揭示了数据的扭曲、干扰与偏差，也展示了它们对数据处理所产生的各种影响。在人类历史的千百年里，我们的大脑在面对是与否的情形中，会习惯于做出快速的决策。而面对当今的商业社会，这一招不再如以前那样有效。我们思维中常常会出现差错，第一部分提供了让你成为主动预期者的系列工具，现在你已经能对事实与信息来源做出更为清晰的观察与判断，消除当中存在的各类偏差，并将注意力转移到更不明显的方面。具备了有效的思维策略，你的注意焦点会投向那些未知与不确定的因素，这时，你已准备好进入下一个阶段。

人类总是热衷于各种猜测，预测事件如何发展或人们为什么会犯错。这些是与生俱来的本能冲动，也是我们进行辩证思维的起点。欢迎你来到本书的第二部分：连接要点。

在这一部分内容里，我们将提供分析数据的一系列思维策略。

首先，我们会引入各类树形图将数据结构逐项分解，辨识出导致问题发生的真正原因。

其次，我们会分析随机性如何打乱因果关系思维模式，在尝试将特定的因果联系孤立时，偶然发生的事件会对其进行阻碍，而这项思维策略会帮你将当中的关系梳理得更加清晰。

最后，当拥有了运气这个独特的技巧（或者是偶然性中存在的真实必然），我们会探究更为复杂的因果关系系统。"系统性思维"能让你连接真正的因果关系（例如口碑与广告等），并依此获得相应的结果（例如销售的产品数量）。系统性思维阐释了人口增长与恶性通货膨胀等现象产生的机制，它也成为探寻一些相对宏大问题（如全球气候变暖、医疗健康与个人财富管理等）解决方案的有效工具。

第四章

深入探寻:
运用树形图解构所有问题

能看清全局的人,只会是那些跳出框架思考的人。

——萨曼·拉什迪(Salman Rushdie)

《她脚下的土地》(*The Ground Beneath Her Feet*)

////////////////// **这项思维策略的益处** //////////////////

　　将数据分解成一个个的组成部分，有助于你搭建起项目的框架，锁定最具价值的资源，并清晰辨识问题的根本原因。树形图经受了时间的检验，才成为重要的数据分析可视化工具，它能立即让你对各个组成部分之间的关系一目了然，让你在复杂的情形中进行有效沟通，从而提出更有用的问题，比如"我观察到的只是极端的案例，还是一般的情形？"。与此同时，它也有助于你对样本中的其他数据形成合理假设。最终通过树形图，你能发现那些一直隐藏着的数值。

　　树形图在分析以下情形时能派上用场：

- 理解某个行业中成本与收入的主要驱动因素。

- 设计某个项目的工作方案。

- 辨识某个产品或软件的失效模式。

- 对问题的根本原因做出假设。

- 根据现有的症状进行病症诊断。

- 理解与影响价值的驱动因素（收入、利润、成本）。

- 对待解决问题的各个组成部分优先排序。

- 对某个论点进行逻辑思考，评估其必要条件与充分条件。

- 对多阶段的结果与产品差异进行视觉化展示。

- 对事件发生的概率做到心中有数。

////////// 运用树形图解构任意问题 //////////

假设你在清点自己大脑内的认知存货，已经苦苦思索想要验证所持理念的合理性，也随时准备发现可能的认知盲点，这时，你已经将任何能歪曲自己思路的偏差，都全盘考虑在内了。与此同时，你明白数据可信度所必需的各种条件，比如样本的大小与是否具有代表性。

现在开始分析你已有的数据集合：如同将洋葱一层层地剥开，首要步骤就是画出树形图。

树形图（有时也称作主因图）能帮助你将复杂的问题分解成独立的单元，并对各自单元所包含的因素与目标进行分析。如果你想尝试将市场或客户类型进行分类管理，这是一个很便捷的方式。树形模式也是商业管理者进行结构性思维最常用的工具之一。一棵树有多层的结构：树干、树枝、枝丫与树叶。可视化的树形图也存在相同的特征。

从本质上来看，树形图可以帮助你形成宏观思维，对需要深入研究的问题的所有组成部分抽丝剥茧，让你集中精力解决那些导致观察结果的主要因素。比如，如果你一大早准备出门，但车却打不着火了，这可能由数不清的原因造成。通过树形图，虽然不能让你的车立即发动起来，但却可以让你搞清楚问题出在哪儿。

美国贝尔实验室的H. A. 沃特森（H. A. Watson）在1962年首次运用了树形图，最初是以故障树（fault tree）的形式出现的，它将一个系统内发生故障的路径以可视化的方式呈现。这样一来，准确定位可能出现的问题，测试系统的可靠性与评估其安全性会相对容易许多。

来看看故障树的实例：找出你的车无法正常发动的真正原因。造成这个问题的潜在因素是什么？树形图的第一层会将问题定位在"司机操作错误""机械故障"与"电路故障"三方面，在第二层中，每一个方面都延伸出各不相同且独立存在的原因。

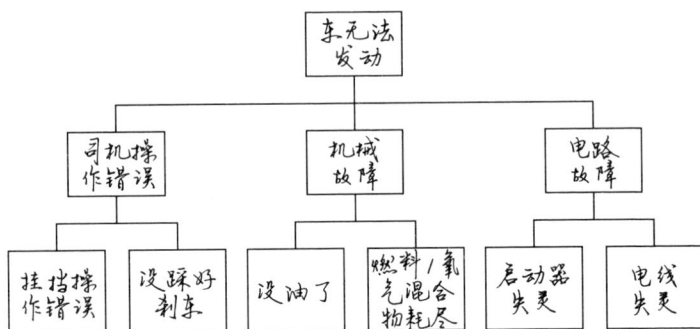

////////// 为进一步分析排列优先级 //////////

我们以财经领域存在的一个普遍现象来举例说明。在日常的财务分析里，你一定会对驱动某个特别关注的价值项（比如说收入或成本）变动的关键因素感兴趣。

以下的树形图展示的是区域性航空公司达尔航空（Dhar Airways）成本构成的主要因素：

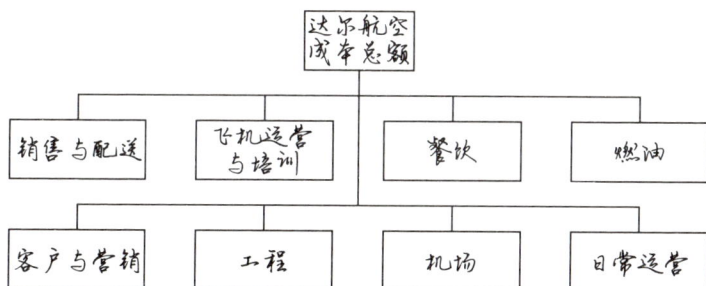

或者，可以仔细看看下页这张聚焦于网络流量与收入增长驱动因素的树形图，有一点需要提示，这张图其实可以设计得更复杂一些，当然这也取决于你需要解决的问题的难易程度。

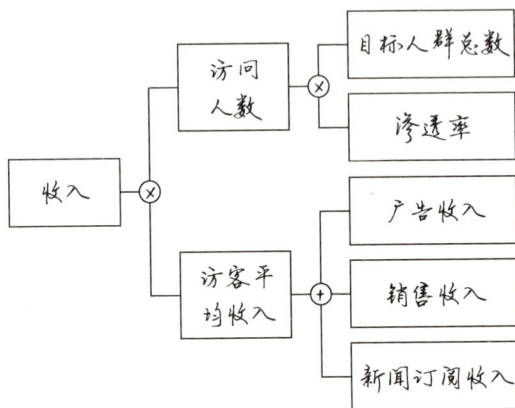

这样的树形图，能帮助你一眼就区分开重要的因素与无关的因素，同样，它也会引导你关注最有希望达成预想结果的驱动因素（这里你感兴趣的会是收入）。此外，在这当中你也将理解哪些因素中可能还存在着机遇：有可能你只会赢得一小部分目标客户群体（这可以用渗透率来展示），或是收入中来自广告的部分非常高，但是来自销售的部分却可以忽略不计。

////////// **搭建等级分层结构** //////////

让我们开始运用树形图。设计一个项目的工作方案，其任务等级分层会如下所示：

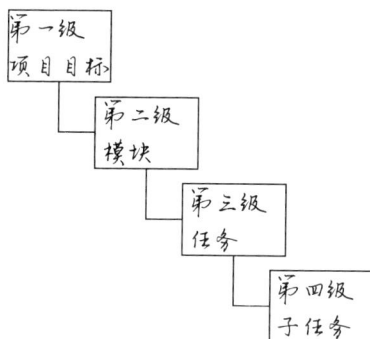

完成以上所有层级的工作，是顺利达成项目目标的必经步骤。而完成所有的任务，是建成项目每个模块的必要条件。你可以按这个方式逐级向上类推。

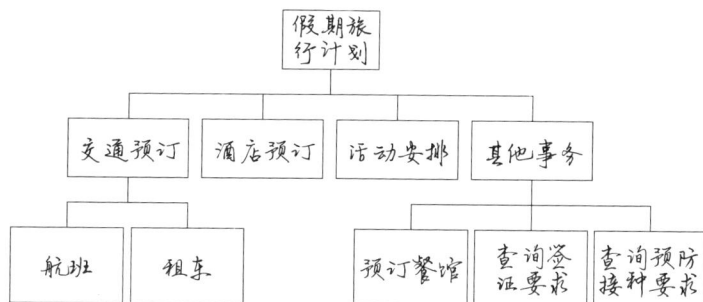

树形图作为描述区分任务等级层次的可视化方式，在各种组织机构内运用得非常广泛，同样在公司划分职能部门与其他办公室的结构图中也非常有用。

////////////////////// **检查列表** //////////////////////

如何画出一个树形图

☑ 先决定采用垂直结构还是水平结构

树形图常见的结构有从上至下和从左至右，当然这取决于你手上纸张的大小（开个玩笑）。对于选择哪一种结构，并没有固定的原则。我们倾向于使用从上至下的结构，来将模块、产品或者是故障路径逐一分解。对于定量分析和因果关系，我们通常使用从左到右的树形图。

☑ 画出草图

在树形图的顶端（或左边）写下主题或是问题后，问问自己哪些因素能完成上一层级的任务，以此来创建第一个分等级的次级任务。

☑ 检查内容是否符合MECE法则——不重叠、无遗漏

有可能你曾听过MECE（Mutually Exclusive Collectively Exhaustive）法则，它代表的是相互独立且完全穷尽，这是一个将较大的问题分解为各个部分的工具。首先，每一个次级的任务之

间必须相互独立，不要存在任何的重叠，你要对列在任务框里的内容考虑再三，确保不会意外地将相同的内容放置到多个方框中。其次，从整体上看，所有组成因素必须能满足上一个层级的任务要求，比如运用树形图来展示项目团队的5位成员时，每一个独立个体都必须包括在内。同时，你所分析的问题或者结构也必须能被分解成有限数量的普通类别（即次级任务框中的内容）。

☑ 定义功能性依赖路径

通常来说，存在于各种次级群体与上一级之间的功能性关系是"与"（and）。假如上一级的任务框里写的是"北美市场的收入"，下一级的任务框中就应该是"美国、加拿大、墨西哥"。在这里，它们之间的隐含关系就是"与"。

不过，"或"（or）的关系也会存在，例如，谁谋杀了伊丽莎白？可能是园丁，或托马斯爵士或莉莉小姐（当然，也有可能涉及两人或是更多人合谋完成）。

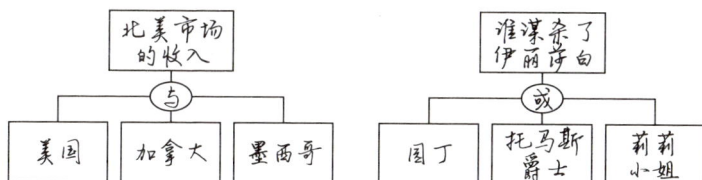

☑ 选定一个合适的层次后停下来

树形图可以扩展相当数量的次级任务框，通常来讲，到第三层之后，最多四层，就足以展示与分析某个特定问题了。

运用树形图去均值化

我们几乎每时每刻都会用到平均值，西雅图一年中平均有超过152天是晴天，日本当前的人口平均寿命是83.8岁，世界上平均40%的人拥有智能手机。

这些数据都没什么问题，而真正有用的观点只有将数据分解后再分析才能得出。如同我们前面提到的，平均值是沟通日常现象的一个有效方式，但并非深入理解这个现象以及找到根本原因的理想方法。

医疗健康行业是去均值化的一个很重要的领域。设想一下，乔纳森是一家生产膳食补充品的医药公司的研发主管，他所在的公司规模不大，但乔纳森领导的研发团队经历了6个月的测试后，试图打造一款降低血压的纯天然产品。测试结果表明，产品对普通病人并未产生积极的效果，这可能直接宣布项目失败并导致团队解散。但乔纳森并未气馁，他与团队将测试结果数据"去均值化"，发现尽管这款产品不是对所有病人有效，但当中一部分确实产生了正面的影响。再进一步将年龄与性别两个数据去均值化后，得出的结论是40岁以下的男性是该款产品的理想用户群体。之后，团队开始了如何精准营销该目标客户群体的头脑风暴。这样一来，他们就避免了漫无目的地投放广告，如果目标人群错误，不仅会浪费费用，徒耗时间，也可能会因为那些无效用户群体引起产品负面评价变多。

////////////////////////////　**检查列表**　////////////////////////////

如何去均值化

☑ 从你已知的开始——平均值

在下面的例子中，我们所关注的是每个家庭的平均收入。

2007年美国平均家庭收入 （千美元）	（88）

☑ 对与问题相关且有趣的分层做出假设

你究竟在寻找什么？假设我们对当中某些群体或是占一定百分比的人群的收入分配特别感兴趣。这也是考察某个国家收入不平等状况的常用方式。你可以按照下图的比例将整个人口总量分解，你最好奇收入最高的1%的人会是哪些？因此，你画出的树形图会存在6个分支。

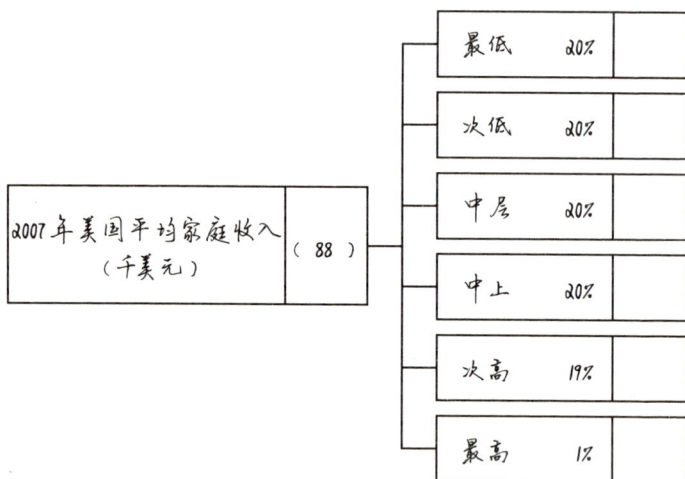

	最低	20%	
	次低	20%	
2007年美国平均家庭收入（千美元）| （ 88 ）	中层	20%	
	中上	20%	
	次高	19%	
	最高	1%	

☑ 汇总数据

你需要掌握两个变量：

1. 每一个单独群体的平均收入。

2. 每一个单独群体所占的权重。

从定义来理解，我们已经知道权重代表的含义：它等于每个分支中涵盖的人口数量（每部分的百分比如下页图框中所示）。为了明确每一个次级群体的平均收入，我们需要做一些必要的研究，比较可靠的数据一般是来自大型的国际组织（经合组织）、大学与研究机构等。

将相关次级群体的平均家庭收入去均值化后，所完成的数据分解图如下：

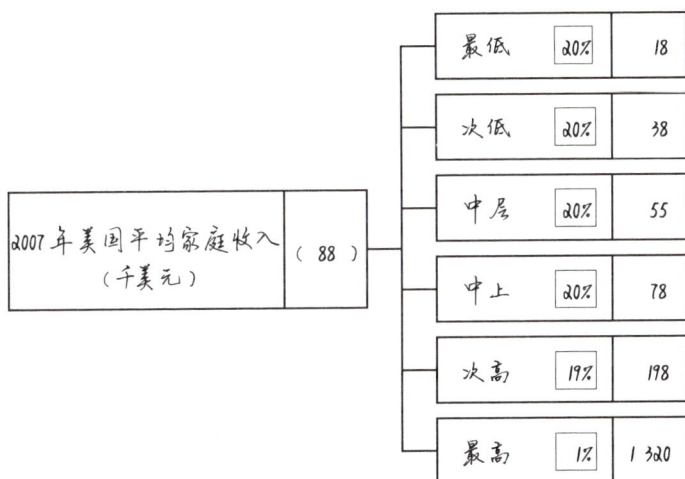

☑ 再次核实相关数字

将每一个次级群体中的平均收入值再乘以权重，再次核实再相加。需要将每个家庭的平均收入也进行加总处理。

///// 运用树形图与流程图找出根本原因 /////

我们已经知道，树形图是将某个观察到的现象进行逐项分解的可视化工具，同时，它也可用于探寻出问题的根本原因。根本原因作为某个问题的深层次的终极理由，需要将其与表象加以区分，因为表象仅代表了问题被发现的指向性信号，即使表象有所改善，不解决根本原因，问题就不会消失，同样的症状与表象将反复出现。

以生病来举个例子：出现的症状可能是喉咙酸痛、不停咳嗽或是流鼻涕，引起这些表象的根本原因应该是病毒感染，针对所出现的症状进行治疗，在短期内对你的病情会有所改善，一片阿司匹林就足以缓解上述的不适，但却无法治疗导致症状的根本原因，换句话说，你的病并没有被治好。

现在我们介绍的是根本原因分析方法，也可以称之为五问法（five-why-analysis）或因果图（cause map）。它们结合了可视化思维与结构化重复的提问方式，以下是一个简单的线性分析，用以找出某位学生成绩不佳的根本原因。

///////////////////////// **检查列表** /////////////////////////

找到根本原因

☑ 清晰定义问题

问题			

参考本书第〇章中的相关信息，从左至右在方框中写下讨论的话题或者是棘手的问题。这些空白的文本框，每一个都成为构筑整个分析的重要部分。

☑ 写下每一个原因

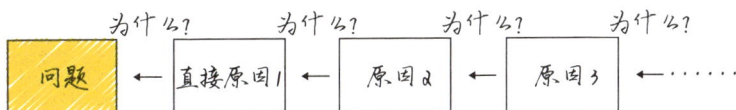

为什么？　　为什么？　　为什么？　　为什么？

问题 ← 直接原因1 ← 原因2 ← 原因3 ← ……

接着写下产生前述现象的每一个原因，在尝试填满右边的文本框时，持续不断地询问这为什么会发生。

用带箭头的直线来连接每一个文本框，在这里，箭头有两层不同的含义：

- 从左至右看，对于所提出的问题，箭头提示的是导致现象发生的原因。

- 从右至左看，你能将箭头用"导致"代替。

☑ 观察列出的原因

再继续往下分析，你会注意到表达因果联系的网格图并不会展现出以上范例中的线性关系，相反，许多现象会是由以下1—2种甚至更多的原因共同影响所致。

- 两种原因的共同作用是导致现象发生的必要条件（与）。

- 每一种原因都能单独导致该现象的产生（或）。

再举个简单的例子，想要生一团火必须有燃料（火绒、木头、汽油）与火星（火花），而要灭一团火，你只需要阻断易燃物或是切断氧气供应就可以了。

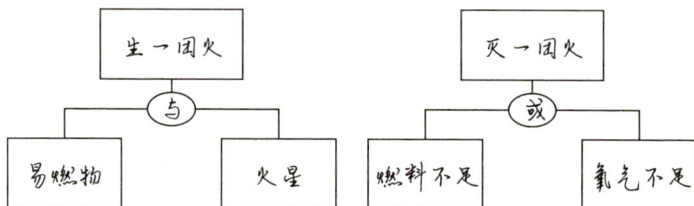

灵活运用"与"或"或"之类与充分条件及必要条件紧密相关的逻辑连接词分析问题。

- **必要条件：** 我们知道燃料（易燃物）和火星（火花）每一种都是生火的必要条件，但是只有两者共同作用后才能达到预期效果。

- **充分条件：** 拿灭火来说，只要以上单个因素缺失，就会达到效果——无论是你停止添加燃料，还是切断氧气供应。两者不必要同时产生作用。

要清晰辨识与解决根本问题，不只是仅仅聚焦于问题所体现的浅层表象与症状，这样才是更高效与可持续的方式。

更多案例

优化招聘方式

想让一家年轻而且高速成长的创业公司保持优势，创始人艾莉莎的首要任务是打造一支技术过硬与充满活力的核心团队。公司在下个月需要招聘20位研发人员，她已经想方设法通过各种渠道散布了招

聘岗位的信息：求职社区、社交媒体、本地信息交流网站等，同时她在目标人群（程序员）常去的校园咖啡馆也做了宣传。这一招确实奏效，收到的应聘申请很多，但申请人的资质参差不齐。通过树形图，艾莉莎将所有申请人去均值化后，按不同的接收渠道分门别类。为更好地达成预期目标，她邀请了每位申请人面试，并填写了一份调查表，这能让她区分申请的渠道，高亮标注那些高素质的申请者，在入职后加以重用。

要点总结

一般来说，存在的问题与收集的数据都是复杂而凌乱的，树形图作为有效的思维结构化工具，可以提供更为高效的沟通方式。树形图可以将某个趋势或体系形成的驱动因素进行分解，再将数据去均值化后，找出问题的根本原因。这可以是组织一个结构化的演讲、项目或是个人假期。树形图需要你具有MECE思维，也能让你以更深层次与更为清晰的方式来理解数据与问题。

第五章

—

改变发生：
预测均值回归

宇宙由变化组成，我们的生活也是由自己的思想所创造的。[41]

////////// 这项思维策略的益处 //////////

多数事情的结果可能是来源于技巧与运气，[42] 这是均值回归会提醒你的重要一点，这也会激励你尝试去弄清每个因素各自在特定结果中所做贡献的具体程度。这项工作的重要性体现在以下三方面：

1. 能帮助你评估最终所获的结果

当你将技能这项因素考虑在内时，一个相对较小的样本数量，就足以评价某人或某个过程所获得的结果（比如你下国际象棋，很难仅仅靠运气获胜）。但有更多运气成分存在的话，你就得找到更大的样本来进行分析。

2. 能让你预测到结果

一旦明白技能与运气两个因素相对于结果的各自贡献程度，就更容易预测随之产生的结果。

3. 能帮助你校准接收的反馈信息

我想大多数人都会认同一点，褒扬（或贬斥）某个人仅凭运气就获得成功并不合理，而当人们在失败中痛苦挣扎时，可以通过分析自己所缺失的技能来积累经验。持续强化这方面的训练，它们会在未来有所改变。

任何时候，你感觉到随机性在主导所处的决策环境时，就可以运用这项思维策略。

预测均值回归

在棒球运动中二年级诅咒（Sophomore Jinx）是广为人知的一个现象：新秀赛季有突出表现的选手，第二年会大不如前。其实，这就是均值回归在起作用。

　　每年，各大棒球联盟会给表现最优异的新秀颁发"最佳新秀奖"，拿奖的选手往往在第二个赛季就会哑火，他们的确难以延续第一年的状态。不过职业运动员并非受到这个诅咒的唯一群体。整个美国，高中生与大学生在一年级的成绩都会比二年级时好，同样，对歌手或乐队而言，第一张专辑就大卖紧接着的会是第二张销量平平。

　　哦？为什么会这样？真实的情况是，峰值在向均值回归。如同一句统计学中的格言所述：异常的输出，一定会随着时间逐渐向平均值进行回归。

　　回到个人的表现，均值回归是因为成功往往是技能与运气共同作用的结果，无论是最佳新秀、第一年表现优异的学生，还是首张专辑就畅销的乐坛新秀，都会将成功归功于个人的才华与能力。

既然主流的假设，都认为出色的表现基于专业技能，所以运气成分就很难成为大家在评估过往成绩中考量的主要因素——对之后的预测同样如此。随着时间推移，所有人的表现都会不可避免地向均值回归。可以理解由此带来的疑惑与不解，因为大家并未真正理解成功究竟需要哪些因素，简而言之，人们通常会赋予异常的极值更大的权重。

//////////////// 令人迷惑的发现 ////////////////

1822年2月16日弗朗西斯·高尔顿（Francis Galton）出生，他后来成为当时世界上最著名的统计学家之一。高尔顿的家族产生过许多天赋异禀的科学家，比如说他是查理·达尔文的堂弟，不过他与达尔文的声望相比还是略逊一筹。但高尔顿在统计学领域的突出学术成就影响至今，相关性、四分位数、百分位等大家熟知的术语都是由他创造的。

高尔顿对人口学领域的研究特别沉迷，并投入了大量时间和精力在遗传特征的统计研究方面：哪一些遗传特征会从父母延续到后代身上？当时，高尔顿首次引入了均值回归的概念，尽管与我们现在讨论的概念所指的含义不尽相同，但他指出的的确也是"向平均值回归"。

作为研究的一部分内容，高尔顿探寻了父母与子女之间身高的关联度，下图中y轴展示的是928位成年子女的身高，x轴展示的是其父母身高的平均值。[43]

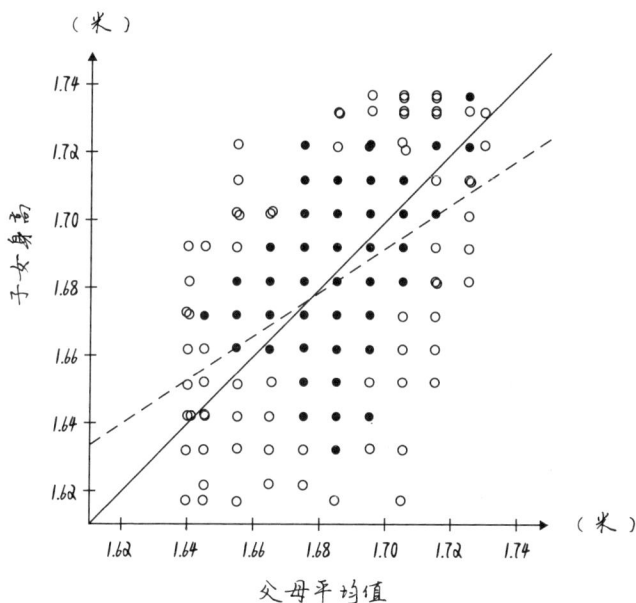

当高尔顿在检验这些数据时，他的预期结果是子女会与父母身高数据相近，因此，从图形上来看，应该是45°角线附近的数据点最多，这样的图形意味着父母与子女的身高最为接近。但是，他发现一点，如果父母的身高非常高的话，子女一般会比父亲或母亲一

方要矮一些，同理，如果父母出奇地矮，子女就会比父母高。

他所收集的数据并不符合45°角线附近的特点（图中所标记的黑点），但图中另一条斜度稍低的虚线所表述是的，父母特别高，子女就会相对较矮，反之，父母特别矮，子女则通常会比他们高。高尔顿由此得出了以下的结论：

从实验中看出，后代不一定会与他们的父母在身高上相似，但却经常比他们更平常一些——如果父母高大，他们会比父母矮小；如果父母矮小，他们则会更高大。[44]

——弗朗西斯·高尔顿

这个结论看上去违反直觉，但确实是数据向均值回归的经典例子。高尔顿研究的现象，其实与基因无关，反而体现的是统计学原理。他所预期的结果是后代与父母身高相近，相反却发现父母特别高，子女就会相对较矮，父母特别矮，子女通常比较高。导致母亲身高很高的原因，有基因的因素在驱动（也会受到环境的影响），这些因素会让她在童年就高出常人一截，而这种基因也会遗传给孩子，但偶然性与环境的因素却不会遗传，因此，她的孩子有可能会相对较矮。

////////////// 偶然性无处不在 //////////////

如果你想在最喜欢的书店任意选一本商业类的书，多数的书店店员（也并非全部）会尝试推荐一些最新的管理工具类新书给你，并说一大堆推荐的理由。通常来说，这些书的作者会选择真实世界里那些顶尖的公司作为研究对象，因为从长期的角度观察，那些具备竞争优势的公司也用时间证明它们看来似乎比同类公司优秀的点子要多很多。

而当我们在寻找推动成功背后的科学因素，并尝试发现其确定程度时，最后找到的结果往往会是均值回归。举个例子，管理思想家在根据历史表现数据来挑选公司时，往往会宣称他们已经发现了其成功背后的神秘因素。吉姆·柯林斯（Jim Collins）在他所写的畅销书《从优秀到卓越》[45] 中重点描述了某个时间段表现远超同行的11家公司，他列出了这些公司与众不同的五个因素。但我们从分析这些优胜者当中能得到什么好处呢？多数人也许认为我们会获益良多，但往往事与愿违。

麻省理工学院管理学教授迈克尔·库苏马诺（Michael Cusumano）运用了一些简单的练习，帮助学生认识技巧与运气同时作为成功的驱动因素的重要性。有一天，他在高级战略管理的课堂上要求学生全体起立，让他们一起来猜掷硬币的结果。

在学生们做出各自的选择后，他抛掷了硬币并要选择错误的学生坐下，如此重复操作几次之后，课堂上还站着的只有寥寥的一到两名学生。最后，他让一直猜对的学生上台告诉大家获胜的原因。这时候，可能所有人都会恍然大悟，他们只不过都是运气太好而已。

雷纳（Raynor）、艾哈迈德（Ahmed）与亨德森（Henderson）三位管理学者组成了一个团队，一同对市面上流行的商业畅销书（如《从优秀到卓越》《追求卓越》《什么对企业真正有效》等）中聚焦的"杰出公司"进行检验，在研究到总体股东回报率这个数据时（这是常用的考核数据之一），他们发现：运气作为公司成功的重要因素，会被大众习惯性地忽视。[46] 研究所选取的样本越小（持续保持超出平均水平的公司），运气比技能所起的作用就越大，所以，你很难确定到底哪一家公司更为优秀。

这个结果并不出人意料，吉姆·柯林斯书中的那些最受欢迎的公司，自2001年以来有许多已经跌下神坛。当时作为房贷市场巨头的房利美，金融危机中需要联邦政府施以援手才能渡过难关。而另一家电器零售商电路城（Circuit City），则早已宣告破产。

/////////////////////　检查列表　/////////////////////

向均值回归

☑ 成功因素当中到底有多少是运气成分？

思考片刻，在整个过程中有多少偶然的因素导致了成功？在专业技能与运气的持续比较中，你最终会选择哪一方（比如挑选股票、预测棒球赛结果或挑选最佳员工）？在这个进程中确定你做的各种选择，这样会展示你做出的预期存在的均值回归程度。

☑ 你能故意输掉吗？

在《实力、运气与成功》一书中，作者迈克尔·莫布森（Michael Mauboussin）向大家推荐了一个有用的小窍门，就是每次问自己："在这个游戏中，我能故意输掉吗？"[47]或者更直接一些："我能在什么时间段，故意输掉呢？"当你玩扑克时，你可能做得到，但如果是在轮盘游戏中，这几乎是不可能完成的任务。假如你找到了可以故意输掉的办法，这当然是个好消息。不过，这种情形下的结果也不完全由偶然性控制，你故意输掉的能力越是确定，技能所扮演的角色会越重要。

☑ 你手上有历史数据吗？

你能找到过往更多的数据点吗？实际上，你所能观察整个过程与结果的时间跨度越长，对排除异常的数据会越有信心。如果手上能拿到完整的历史数据，你就能确定异常数据的基本边界。

☑ 哪些是反事实的现象？

有哪些事可能发生但却未实际发生？这个问题其实很重要，例如要实施某项战略或是政策，在没有任何干预的情形下，这些考量的维度（股票价格、犯罪率或失业率）将会如何发展？在分析具有可比性的众多公司、国家或者个人时，建立反事实的对立观点会更为容易。他们当中哪些未曾受到干预，在不存在外界干预的情况下，对于结果的衡量维度会如何发展呢？

更多案例

斥责与表扬

举个例子，假设你正在体育馆训练自己极具体操天赋的女儿。

为准备参加下一届欧洲体操锦标赛，她在跳马上反复练习。在完成了一次漂亮的团身前空翻两周后，你对她的动作大加赞赏，这会激励她更好地练习下一个动作。出乎意料的是，在完成了几次不错的动作之后，她的表现却越来越差。

当然情形也可能完全相反，假如你在她完成了几次不尽如人意的动作后横加指责，她反而在接下来的练习中表现得更好。这里得出的结论可能是：你的斥责与表扬导致了以上某一类可以观察到的结果，但实际上，你女儿在训练中的表现差异只是均值回归在起作用。

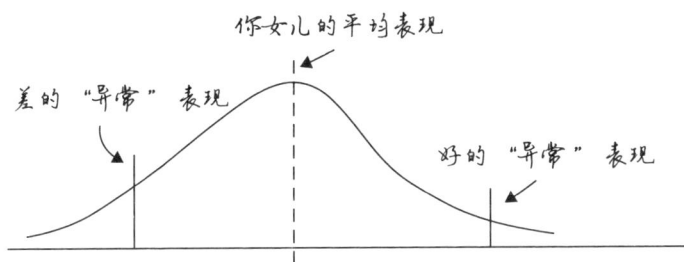

她的训练表现在围绕个人平均水平上下波动，即波峰数据聚集的地方。一次出色的表现可能会成为一个正面的"异常"数据，一

次糟糕的表现同样如此。这样一来，在某次糟糕表现之后，最可能出现的是更好的表现，反之亦然。一般来说，这都不是你的表扬或是斥责所造成的结果，而是统计数据所揭示的事实。

交通安全

试想一下，如果你是一家大型的城市交通管理机构的负责人，城市中某个特定的十字路口，在过去两年中发生多起交通事故，当中一些还非常严重。

你与专家团队一同商讨如何降低这个路口的事故发生率，让它变得更为安全畅通。当中的某位专家提出建议：在十字路口安装超速摄像头。

这一招的确奏效，在摄像头安装后的几个月中事故率开始下降，但是，这真的是一个好主意吗？从结果上来看的确合理，毕竟事故率降低出现在摄像头安装之后。

但仔细想一想，安装摄像头是关于某一段时间事故率偏高的对策，但假如交通流量并未出现基本变化，事故的增加可能仅仅是统计数据的异常偏离。换句话说，即使你不做任何应对，事故数量也会逐渐恢复正常，撞车事件的发生数量最终会向平均值回归。因此，安装超速摄像头的确会起作用，但其作用远比我们想象的要小得多。

下图可以很清晰地说明问题。当你的目光聚焦于某一个事故高发的十字路口时，就会不由自主倾向选择异常的数据。比如，从长期来看撞车事件每年发生的数量为5—6起，但2013年达到了高点：9起。

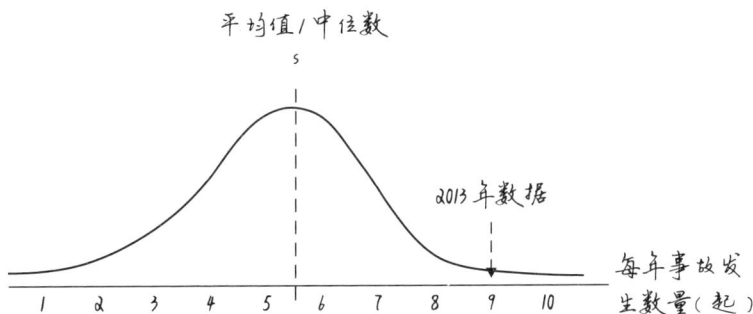

但是，因为异常值所具备的天然属性，事故率会在下一年度自然降低。有一点值得特别关注，这种下降不一定会出现。最有可能出现的情况是，明年事故发生的数量从9起，下降到4、5、6或7起。

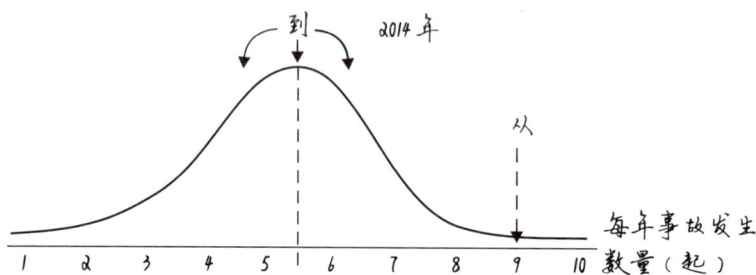

作为管理机构的负责人，你要如何才能明确安装超速摄像头对于降低交通事故率的真实影响呢？达到这个目的有两种可行方法：首先，如果你有这个十字路口的完整历史交通数据，就能以此建立基础数据点，验证某一年发生9起事故，究竟是真实存在的普遍现象还是例外；或是换另一种方式，你可以在可控的环境中对城市中的十字路口的交通状况进行对比。例如与另一个未安装超速摄像头的路口数据进行对比。在这里，最关键的是要选择正确的对比数据，这样才能建立真实的反事实。

要点总结

我们大脑预设的程序会自动试图在繁杂的数据中寻找固定模式，但是，实际上我们常常被随机性所利用，因此，想要建立一套可靠而且可行的规则十分困难，如果在少数可用的数据的基础上实施，同时存在运气成分的影响，这变得难上加难。要克服均值回归的影响，先思考一下，你所观察到的各种成功的案例中，有多少成分是因为运气的因素所导致。必须训练自己反事实的推理能力（应该发生但未发生的情形），来尝试找到更多的历史基础数据进行分析。

第六章

看得更远：
训练系统性思维

每时每刻都要记住，你知晓的每一件事，每个人知道的每一件事，都仅仅是个人的模型，充分展示你的模型，邀请其他人来挑战你的假设，并且加上他们自己的假设。

——德内拉·梅多斯（Donella H. Meadows）

////////////// **这项思维策略的益处** //////////////

这项思维策略能帮助你定位、分析与形成各种系统。它在系统发生作用的任何时点都能应用，效果主要体现在以下四个方面：

- 能让你充分理解某个问题所导致后果的影响。如果这个问题看上去很棘手，这项策略就特别有效。

- 能让你识别促进成长、维持平衡甚至摧毁系统的反馈循环。

- 能帮助你找到影响整个系统最有效的突破点。

- 成为帮助你进行思考与交流的可视化语言。

从应用的层面看，这项策略不仅能帮公司策划一整套物流系统，也可以对供应商的行为方式进行建模。政府能利用它来设计公路系统的交通规则，也可以为实施社会政策变革提供参考。此外，它能支持企业家们在相对双向的市场中发布产品与服务，在这种情形中，市场中某一方的吸引力随着另一方用户的增长会不断提升。

系统性思维能开启你的思路，并阐述系统中各部分之间的因果关系。它能让我们用纸与笔描绘出内在的工作机制，或是用建模软件模拟系统的行为。系统性思维也日渐成为深度理解底层模式与机制的关键，在预测趋势、产品拓展甚至疾病传播模式等方面都可以进行建模。

但是，系统性思维绝非仅是一个诊断工具，它可以揭示某个系统中可能存在的干预点。运用这项思维策略，可以设计新的系统，发现系统缺陷，还能通过学习新的方式来纠正系统缺陷。

系统性思维训练

不同的政党、公司、非营利性机构、工作团队甚至整个社会的一个共同特征，就是它们之中都存在各种中间机构，并由千丝万缕的不同关系进行连接。因此，一个系统并不等同于各个组成部分的简单集合。

与其他生物系统一样，要预测复杂人类系统的行为方式，总是十分困难。究其原因，不仅是因为系统中的组成要素相互依赖且紧密相连，而且它们之间以非常复杂的方式在互动，在不同的时间段中，有各自的行为模式展现。如果你正在寻求解决系统中存在的问题，这些因素通常都会提供一些重要的暗示与含义，可以参考以下的例子：

- 对利率的调控本身并不能刺激就业、稳定物价与促进经济的长期增长，但是，它会与经济体系运行产生相互影响。整个系统中包括除利率之外的其他因素，比如说消费模式、政策调整、国际贸易环境变化与科技变革速度等。

● 石油输出国组织并不是为全球油价涨跌负责的唯一机构，它们所筹划的减产行为本身不足以触发全球范围内的油价飙升，石油进口国的政策与全球消费者的行为都应该被考虑在内。[48]

● 药物上瘾也并非源于瘾君子个人的行为控制失效或人生的错误决策，从更广泛的社会角度来考察，这当中还包括诸多系统性因素如药物泛滥程度、药品需求管制、社会贫困程度甚至医生过度开药等。

//////////////////// 反馈循环 ////////////////////

系统的某些特定行为是由反馈循环在驱动，理解了这一点，我们就会明白为什么一些过程看上去会逐渐失控，而另一些会保持稳定。接下来的内容中，我们会着重研究反馈循环的本质，并介绍一种能完整描述并有效解决它们的语言：系统循环图（causal loop diagrams）。在运用系统性思维来理解任何关系时，通过运用这项工具，可以更好地辨识出那些解决系统问题的有效干预措施。

强化的反馈循环

反馈循环是进行系统性思维的基石。它们阐述原因与结果之间的连锁反应，前一个行动的结果，表现为下一个行动的原因。如此循环往复，形成了一个闭环路径。这与开放式循环不同，开放式循环最后的结果往往不会在系统中进行反馈。以下的图表示例中，你可以清楚地看到两种常见循环中的第一个：强化的反馈循环（R）。

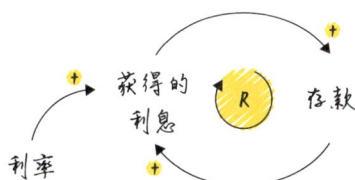

以强化的循环来解释复利的原理：在银行账户中的存款余额越高，所得利息收入就会越多。随着余额总量的不断增加，所得到的利息还会更多。指数增长的结果也常常会让人大跌眼镜：以5%的年利率为例，100美元在100年后最终会变成13 150美元。[49]

强化的反馈循环最后的结果可能出现相反的行为：快速的衰落。以公司的主管对员工表现的行为反应为例，这个反馈循环可能出现两种结果：赞扬与褒奖会导致员工目标驱动力增强，工作表现随之提升，反之，主管也会得到正面的回应。这种结果的对立面也同样存在：苛责与惩罚会导致员工信心不足，未来的工作表现会出现下滑。

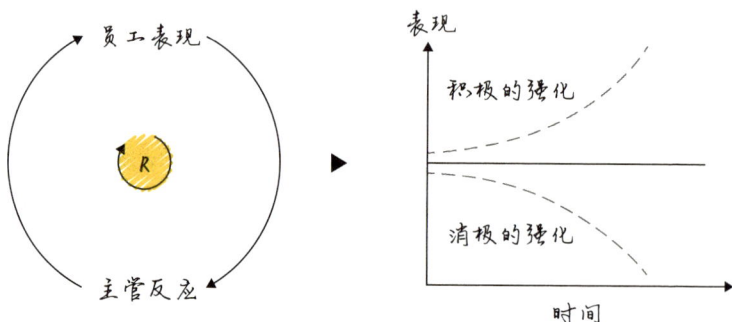

反馈循环同样能解释自我实现性预言。从字面上理解，这是一个预言导致自我实现的过程。

在上述所举的例子中，假设两位员工A与B在一个月内都有可能升职，[50] 两人在职位级别、工作能力与资历方面也不相上下。作为经理，你只能提拔当中的一位。因此，接下来的一个月考察期就是做出抉择的重要时间窗口。在第一个星期，员工A因为出现紧急状况只能在家里办公，员工B自然就会与你在工作场合有更多的互动，这意味着你会投入更多的资源与精力在员工B身上（包括注意力、回复率与各种任务安排等）。你的工作日程相当紧凑，即使一周后员工A回到工作岗位，你在潜意识里也习惯性地更为关注员工

B。毕竟上个星期他圆满地完成了你安排的各项任务。你简单地认为不用对A投入了。

一个月后，员工B由于出色的工作表现得到了提拔。回过头来想想，这场竞争是否真的公平？员工B得到的升职机会是否真的合理？从系统概括图中，我们可以看得很清楚：最终结果对最初的环境十分敏感。这个范例中，从一开始员工B就快速获得相对优势，她享受了更好的资源，工作表现自然就更突出，超过了竞争对手A，然后循环再次开始。

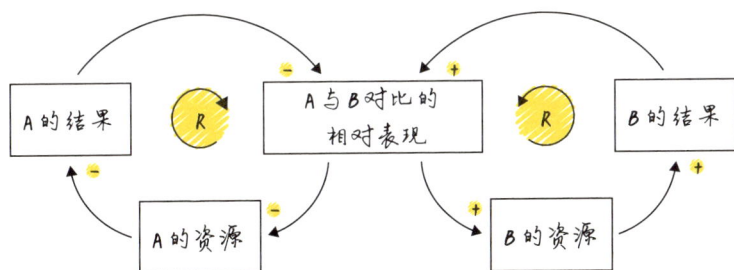

平衡的反馈循环

我们讨论的第二种反馈循环称为"平衡循环"（B），正如名字一样，这是能将系统带入理想目标状态的循环，并一直维持。

恒温器是平衡反馈循环的最佳范例。

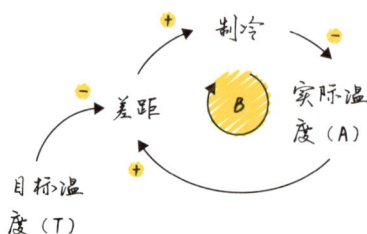

通过比较目标温度与实际温度，两者之间如果存在差距，空调就会开始工作。假设所设置的目标温度是22℃，室内的实际温度是30℃，两者之间的差距为8℃，这时，空调会开始制冷，室内温度逐渐下降，目标温度与实际温度之间的差距会逐渐缩小。

下面来考察一下结合了以上两种反馈循环的案例：工作场所的安全保护。

////// 应用案例：工作场所的安全保护[51] //////

约翰怎么都不会想到这类事会发生在自己身上，他为一家大型建筑商工作了20多年，作为公司的健康安全监察员，在各个工作场所巡查是他日常工作的主要内容。在新泽西一家新设立的厂房进行检查时，约翰不小心踩到散落在地板上的一截钢管，身体顿时失去平衡，摔倒在工地上。

还算幸运，他爬起来后只有些擦伤的痕迹，但这已经是公司今年发生的第三起工作场所的意外事故了。为此董事会有些紧张，特别委派了现场负责人玛丽莲解决工作场所意外事故的问题。

玛丽莲首先整理收集了一年内公司所有的工伤统计数据，为寻找当中存在的规律，她对数据抽丝剥茧，细致分析：第一步，筛选出执行意外防范措施不力的现场管理人员。接下来她就碰了壁，如何才能找到导致问题的关键因素呢？更重要的一点是，怎样才能将这些因素一一排除？

有位朋友介绍玛丽莲试试系统性思维的方法找出解决方案。她还在大学的时候，对这种方法有过粗略的了解，回到应用场景中，她对此更加感兴趣了。系统性思维承诺提供更为完整与有效的方式，能改变导致事故发生的相关因素。

玛丽莲将其付诸实施，首先通过因果循环图（见第107页图表）规划整体的策略，并分析影响工作场所安全水平的不同因素，设计出相应的干预措施以降低事故与人身伤害发生的概率。通过与现场经理人员的面对面访谈，同时进行工作现场的反复巡查，她发现每位经理在做出事故报告时，往往会将发生原因的分析漏掉。因此，仅仅从报告内容中无法得出各种类型事故发生的线索，从而难以预防。

一定会有更高效的事故预防方案，玛丽莲接着检验了报告中存在的各种因果关系，找出了当中的三种增强的反馈循环。随后，她积极地搜寻能进行干预并对系统实现改造的关键入口。

在分析完成后，玛丽莲提出让员工自己来寻找、排除与上报日常工作中存在的风险点，并依此制订激励方案。当然，她也将相关的惩罚措施一并考虑在内。我们都知道，只要对员工进行减薪，就一定不会受到欢迎，所以玛丽莲选择了相反的方式：在公司内建立了一个工作场所安全基金，基金年终会向员工实施分红，而每发生一起安全事故（不管是实际发生了，还是随意放置工具或材料这种风险隐患），基金都会做出相应金额的扣除，如此一来，员工可以从遵守安全纪律中得到奖励，同时也对自己的疏忽大意有所负责。

玛丽莲同时发现，许多员工对于安全培训漫不经心，她在培训课程实施后设置了严格的考试流程，让公司的高级管理人员也参与其中，维持管理层与员工对安全生产以及整个公司价值贡献的日常沟通。

运用了系统性思维所涵盖的一系列策略后，玛丽莲与团队的努力令公司的工作场所事故率显著下降。

6
对风险控制来说，潜在与持续的监测措施会有正面影响，随之，工作场所在的风险会越低。这形成了另一个反馈循环

1
风险会引发事故，如果对风险控制不全面、不完整，会导致巨大的风险。但是，如果有恰当的风险控制（安全设备是否齐全且可用），风险会大幅降低，存在的活跃风险因素越少，事故数量也就越少

2
一旦找到事故的根本原因，就可以执行风险控制措施来降低风险发生概率

5
员工离职率与安全知识技能之间存在负向的因果关系。那些能正常处理与应对工作场所风险的员工也在离职。所以员工周转速度越快，公司员工平均掌握的安全知识技能的水平就越低

监测
主动反应的安全循环 （+）
被动反应的安全循环
风险控制 （+）
风险 （−）
报告和调查 （+）
安全知识和技能
知识与技术安全循环
事故 （+）
培训
人员流动 （−）
士气 （−）
人员规模

3
风险控制执行到位，活跃的风险因素就会减少，事故发生率也会降低。在这个循环里，事故会越来越少

4
事故对员工士气会产生负面影响，事故越多，士气越低，员工离职率会越高，有谁会愿意一直待在事故频发的工厂呢？

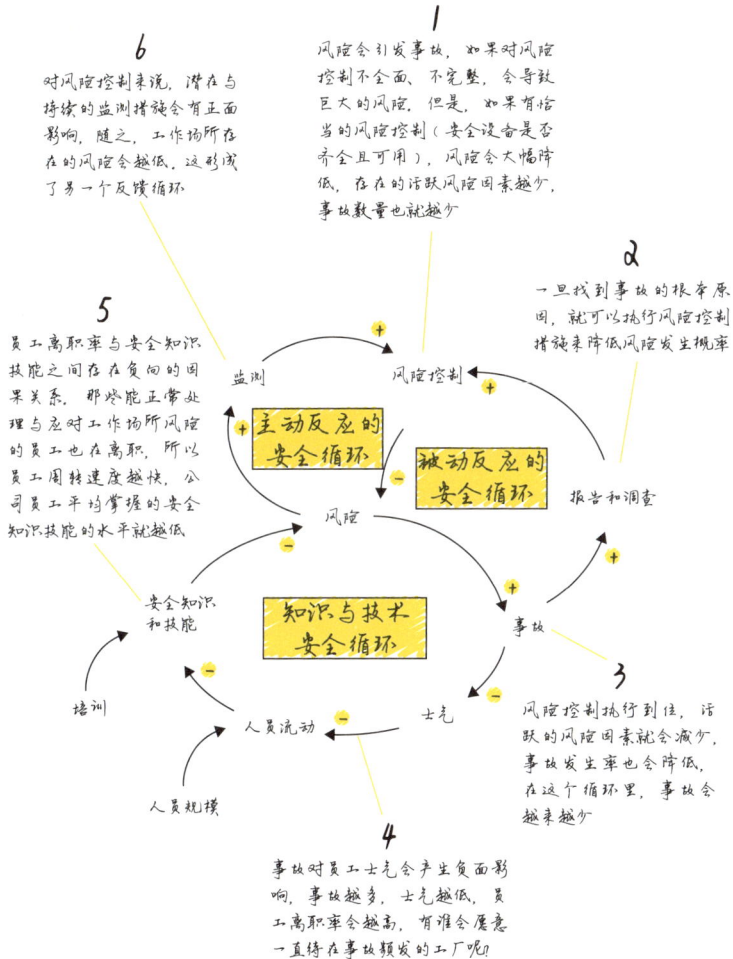

来源：J. D. 莫伊泽，职业安全的系统动态模型：案例研究分析，1999

////////////////////// **更多案例** //////////////////////

VHS-Betamax之争

在录像带格式的竞争中，20世纪70—80年代的市场控制权的战争尤为激烈。当时两家主要竞争对手的系统基本格式互不兼容：VHS（家用录像系统）与Betamax（贝特马可思）。最终，VHS取胜并成了市场标准制定者。对其他竞争者而言，VHS的一个明显优势是其录像设备定价较低，这样它的市场占有率就会比较高，并产生了社交网络效应，人们纷纷将电视节目录下来，相互进行交换。在你的社交网络中，使用某种类型产品的用户越多，你持续购买该类产品所获得的激励就越大。VHS试图将这种网络效应不断扩大，以从中获益。下面这张图，是解释采用两种系统的S形曲线。

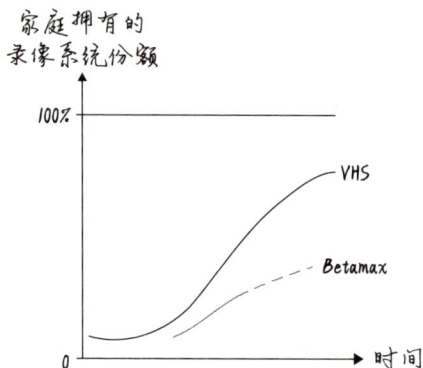

个人工作效率

你的个人工作效率可以用某一时段——一周、一天或一个小时所完成的工作量衡量。简单地说，就是以工作产出除以工作投入。在所工作的机构中，存在系统的特定因素会对工作效率产生直接影响。比如说，你的主管在周三之前需要一份项目报告，但你一直记得报告提交期限是周五。为了赶上工作进度，你只得连续加班加点，在最后期限内终于完成了任务（这是一个平衡的反馈循环）。从需要完成工作的天数来计算，你的工作效率明显提升（五天提前到了三天）。但是，这会引发工作疲劳，随之而来的问题是工作质量无法保证。这份报告存在的错误太多，被主管退回要求重写。这种情况下，你需要投入更多的时间才能完成（这是一个增强的反馈循环）。

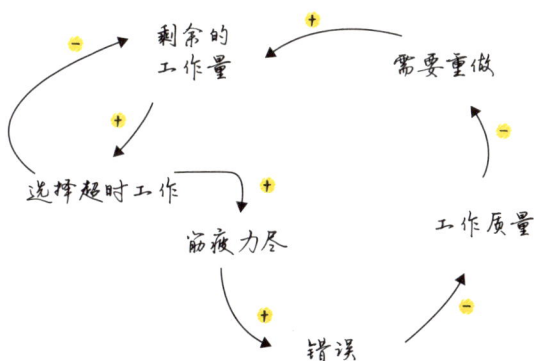

############ **运用系统方法来解决问题** ////////////

接下来，我们用一个典型的因果循环图对特定案例进行探讨。萨里塔是一名科技公司创始人，她的发明也让人眼前一亮：电子滑板。萨里塔当前的主要目标，就是让她的发明成为畅销产品。

1

你想要尝试解释什么?

让我们从头开始。你想要解释
的现象是什么? 这个例子中,
萨里塔的第一个目标是创建一
个解释客户增长的模型。首先,
在一张白纸的正中心写下衡量
目标的维度,在这里,就是用
户数量

2

引入变量

哪些是驱动用户群体基数增长最
重要的因素? 现在,可以停下来
头脑风暴一番,分析可能会起到
作用的相关变量——产品辨识度、
质量与价格等。将这些变量因素
逐个记下,按照相关性分别列在
靠近中心的位置

3

建立因果联系

在第二个步骤中,所辨识出的变
量之间是否存在着因果联系? 例
如,质量会对产品的畅销度产生
直接影响吗? 价格也有同样直接
的作用吗? 将以上你能考虑到的
因果关系——列出来,用箭头将
相互关系进行连接

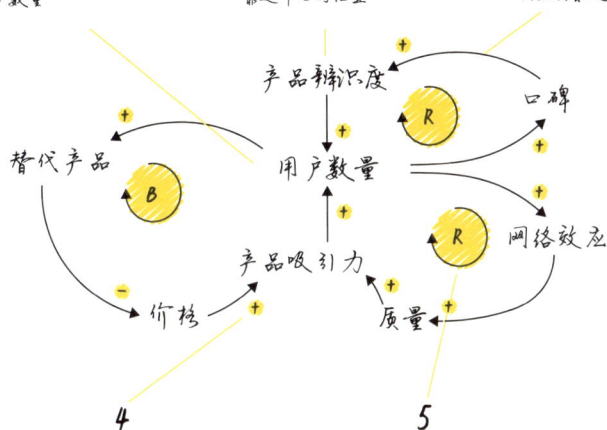

产品辨识度

替代产品

口碑

用户数量

网络效应

产品吸引力

价格

质量

4

设置极性

现在,可以验证各种变量之间的
相互依赖程度了。如果A越多,
B会越高吗? 如果答案确定,两者
之间就属于正面关系。反之,如
果A越多,B越低,就是负面关系。
通常来说,更好的质量(耐用度、
电池续航时间)会有致提升产品
的吸引力,同时过高的价格会降
低产品受欢迎的程度。在这些变
量的箭头旁,用极性(+/-)标上
记号

5

辨识存在的反馈循环

反馈循环既可以是增强型,也可能是
平衡型(目标搜寻)。要准确辨认出
其类型。第一步可以选择某个变量,
顺着箭头的方向来寻找正负极标志:
如果你得到的是奇数数量的负极,这
就是一个平衡循环。而偶数数量的负
极所代表的是增强循环。在这个案例中,
用户数量的增长会引发高质量产品的
激烈竞争。譬如,会有某个更高续航
里程的滑板进入现有市场分一杯羹

6

提炼要点

在建好的模型里,通
过当中循环之间的相
互作用来提炼要点。
萨里塔运用口碑宣传
(正面的反馈循环)
来推广产品会更有效
吗? 比如说,向社交
媒体上的网红赠送电
子滑板,让他们通过
影响力广泛传播

///////////////// **要点总结** /////////////////

系统是由相互影响的独立部分组成的结合体。[52] 社会环境、群体与组织都是系统的表现形式，在探寻系统的秘密时，最经典的方式是从辨识因果连接开始，比如"A导致B导致C"。当C直接或间接地影响A，这被称为反馈循环，循环中会出现一些新的行为方式，比如指数级增长（增强的反馈循环），或是收敛（平衡的反馈循环）。根据你设定的目标，可以尝试创建、调整或停止循环。系统性思维的策略能让你更好地分析各种存在的循环，以找到最佳的干预点。

Part 3

第三部分　调试方法

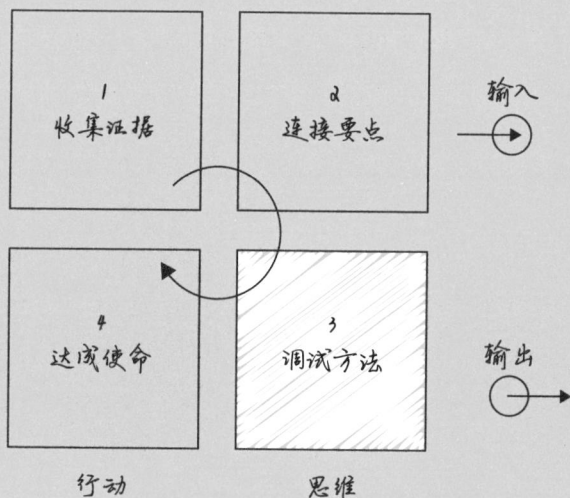

如果你手上有10万美元，怎样花掉它最好？在你刚踏入职场的两年内用掉，还是去读一个研究生课程？为你的公司购置一台新设备，还是投资新厂房？如何才能做出正确的选择？在现实世界中，面对各种可能的解决方案，你怎样检验与测试？

这本书前面的两部分中，我们提供了收集正确及相关数据，并理解当中存在的因果关系的一系列思维策略。现在，我们来到了一个关键的分水岭：从输入（收集证据与连接要点）到输出，接下来的这一部分主要关于如何正确做出决策、找到解决方案，并在现实中对它们做出验证。

在第七章中，我们将从做出一个理性决策所需的基本思维策略——边际思维开始讲起。接着在第八章引入计分方法，这是做出理性决策所要具备的思维框架。在第九章，我们将尝试以试验这种灵活有效的方式，对解决方案的应用效果进行测试，验证有效后再进行规模化的推广。

此刻我们的目标，是在前两部分收集与分析好的信息基础上，开始采取实际行动。

第七章

——

边际思维：
聚焦下一个单位

对价值的判断，指的仅仅是来自可靠选择的持续支持。

——路德维希·冯·米塞斯（Ludwig von Mises）

////////////// **这项思维策略的益处** //////////////

边际思维是做出理性决策的基本策略之一，它要求你只将与当前环境相关的变量考虑在内（而不是那些留在过去且无法改变的变量）。从本质上来说，边际思维是一种经济学的思维。它会持续做出以下假设：决策是由衡量增加的成本相对于增加的收益所做出的。我们常常也会落入要么没有，要么全部之类的选择陷阱，这种情形指的是考虑环境中所有收益与所有成本后做出的决策。反而会显得很复杂（计算过程也会很烦琐），而且往往会导致决策错误。

无法运用这项策略的场景

同样，有一些场景中边际思维也会不适用。以连锁百货商店诺德斯特龙为例，它一直因完善的商品退换政策而广受欢迎。

诺德斯特龙的客户服务政策是无论是否保留发票，退货全额退款；通常在购买后数年都有效。从企业利润的角度考虑，诺德斯特龙的客户政策过于宽松，因为许多退回的商品无法再进行销售，这就是边际损失。但从公司品牌角度出发，这项政策可以提升客户满意度，可能会促进公司整体利润的增长。

聚焦下一个单位

假设一个场景中我们提供给你两个选项：一杯水与一根金条。这可真让人头疼！你肯定左右为难。当然，你下意识的选择会是金条，而不是水。这是本能反应做出的边际化选择，黄金的价格远远高于一杯水。但是，如果加上一个条件：在撒哈拉沙漠中，你已经行走了几天，身上没剩下一滴水，你该如何选择？此时，黄金对你来说一文不值，你最需要的是那一杯水。

如何才能具备边际思维？从整个应用场景来看，边际思维意味着要考虑增加的价值。你需要下一个增加的（或是渐进的）单位对整体所造成的影响。假设你是一位开优步的司机，在漫长的工作日结束后，再加班一个小时，成本会大大高于你开始工作时候的同等单位。因为你已疲惫不堪，腰酸背痛，这增加的一个单位驾驶时间会让你倍感煎熬。

当你留意身边，会发现一些商品的价格正好与它们的边际价值相等，至少在新古典主义经济学家眼里是这样。边际效用是人们消费下一个单位所获得的满足、愉悦或收益。因此，回到水与黄金的选择难题，这与水的供应量是否充足无关，而是对普通人来说，消费一杯水所获得的满足感要远低于一根金条。这种选择的逻辑假设是，我们中的多数人在大多时候都不会处于脱水的状态。实际上许多地方供水充足，城市供水系统也很稳定，而且不太容易出问题。我们附近的超市里，也能以很便宜的价格买到大量的瓶装水。

如果大家本能地具备边际思维，那这一章的内容有什么价值？它究竟能否带给我们增加的收益？其实，我们中的多数人都不太擅长运用这种思维，最常见的就是将过往的经验考虑在内，这也是为了给自己的大脑叙述一个连续与稳定的故事。你也可以理解为，我们的过去与未来的决策一直息息相关。

////////// 边际思维的组成部分 //////////

边际单位

与其他人决策时考虑总量单位与平均单位不同，具有边际思维的人只会关心下一个增加的边际单位。比如说：行驶的下一个小时，要吃的下一片比萨，做出的下一笔投资。边际单位有一个让人着迷的特点，如同经济学家所描述的，无论每一个单位需要投入的要素是多少，边际成本永远会递减。

这意味着什么？好比你吃一个比萨，会觉得第一片美味无比，第二片同样可口，第三片、第四片的味道还不错，这时你会觉得有些饱了，下一片（边际）比萨比起第一片来，给你带来的满足感会逐渐下降。从下面的图形中可以看出，y轴代表的是满足感（或按经济学术语说是效用），它会随着比萨数量的增加而逐渐下降，最终降到负数。

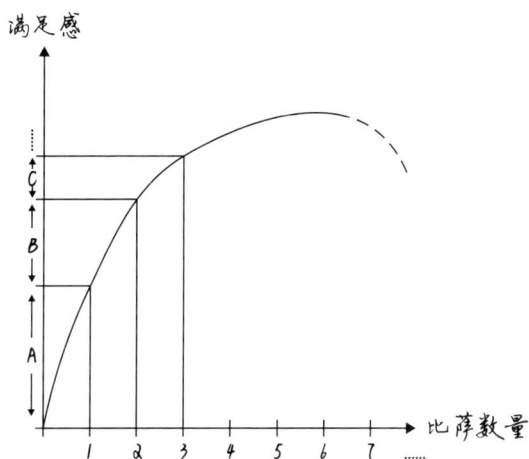

满足感

比萨数量

或者，我们以一家活跃于石油勘探领域的公司来举例。它勘探的第一块油田会相对容易，因为地点早已经知晓，储量很可观且开采难度较低（为了便于比较，我们假设每一块油田储量相等），在公司持续追求利润的过程里，下一块（边际）油田的勘探会比上一块难度递增，到最后，找到的只会是那些开采难度最大的油田。

下页的对比图中，向上的箭头分别指的是每块油田的收入、开采成本与净利润。从股东利益最大化出发，董事会首先会关注最赚

钱的项目（1号油田），以此类推，最后第四块油田带来的收益会低于开采成本，可能只是某一个时点的静态数据，这会随着技术的进步而发生改变，你的边际效用也会随之变化。

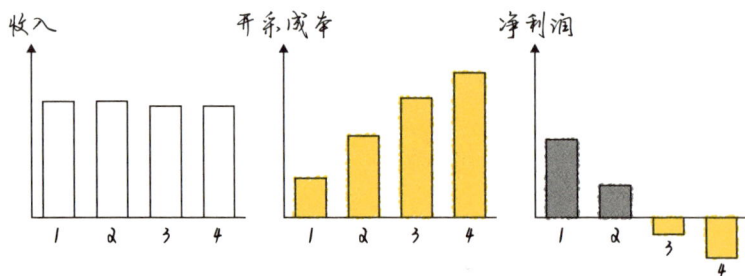

具备边际思维的人常常会问自己："接下来的五分钟里，什么是带来最高边际价值的举动呢？""这100美元花在哪里最值？"或者是"在现有基础上，未来我们应该重点关注哪些客户？"

沉没成本

沉没成本是由以往的决定所发生的成本：与公司存在的其他成本如研发成本或原材料成本不同，沉没成本发生在过去，它们不可恢复。它们独立于未来发生的任何事件：无论你接下来选择怎样做，沉没成本已经产生，也不会受到丝毫的影响。

　　我们在这里讨论的成本，从字面上理解是所花费的任何类别的支出（时间或精力），目的是在将来获取更好的结果。一个成本项目可以是学习某个技能，比如说你获得了拉丁美洲某个待遇优渥的工作机会，一年之内计划全家迁往墨西哥城。为了适应新岗位，你每周都花很长时间来学习西班牙语。可能是运气不佳，最终在墨西哥城的工作落空了。这时，许多人也许会产生这样的念头：好吧！我已经投入了200多个小时来学这门新语言，最好还是继续学习与练习，说不定哪天还用得上呢。

　　但是，这并非理智的决定。如果你真的很热衷于学一门新语言，或是将西班牙语作为未来求职或生活的某种优势，这就另当别论了。而过去投入的学习时间这一项因素，并不足以成为你继续学下去的理由。假如你学西班牙语并没有其他用途，那么已经投入的时间成本已经沉没，不可恢复。已经发生的事情并不能挽回，已经付出的成本（学语言练习的时间）并不能转移到其他项目上去。

　　人类总习惯于对过去所做的决定过度执迷，因此出现沉没成本谬误也很正常。这种现象的主要原因，是大脑会潜意识地将相关的事件连接起来，即使是过去已经发生，对未来的决策也不产生任何影响的决定。具备边际思维的人权衡利弊后，只会对他们做出的决策在未来所产生的后果感兴趣，绝不会纠结于过往已经做出的决定。

怎样才能做到这一点？当你有了手里这本书，就能在自己的公司里找到一个新角色：消除沉没成本的监察员。不管什么时候，只要听到有人说"我们在这上面已经投入了这么多时间"，或是"我们已经在安哥拉的公司上花费了这么多钱"，你基本就能确定这是沉没成本偏差在作祟。一旦你发现一个可以直接有效干预的点，就可以大声说：这实际上没有任何意义，你所投入的时间与费用已经不可挽回，现在的问题是，接下来继续这项投资是否值得，这一点必须弄明白。

这个理念对于边际思维尤其重要，边际效益递减的规律，事实上就是边际思维存在的基础与前提。

在你所接触的世界里，边际效益递减的例子比比皆是。比如，肥料能提升谷物的产量，但这种效用只能达到某个点，峰值过后你再施肥，对于产量增长的影响越来越小，施肥过度甚至会降低谷物的产量。

从游乐项目中获得的愉悦感也是一样，你在刚坐上过山车的头几分钟里肯定感觉开心与刺激，有可能玩了一个小时，这种兴奋也能持续，不过，如果再继续坐下去，我能想象你脸上的表情一定不会那么愉快了。

边际效益递减

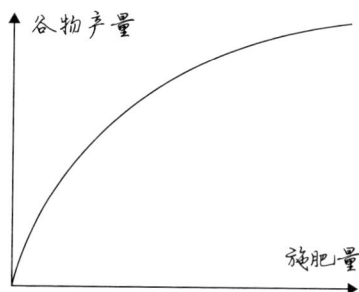

再以个人假期为例，我们大家都对度假充满渴望与期待，但随着假期不断延长，所获得的愉悦感不会线性增长。在头一两个星期里，你会发现忘记今天是星期几的感觉很轻松，躺在泳池边，惬意地喝着鸡尾酒，过一段时间以后，这会变得越来越枯燥乏味，你会盼着假期早点结束，可能在潜意识里已经迫不及待地想赶回公司上班了。

同样，这个规律也适用于你从金钱中得到的满足感。我们的常规思维是钱越多越好，实际上钱太多的话，我们会无法把握。2013年，贝齐·史蒂文森（Betsey Stevenson）与贾斯廷·沃尔弗斯（Justin Wolfers）完成了一项关于收入水平与幸福感之间关系的研究，研究结果最后也流传甚广：以0—10的维度来衡量，如果你的收入翻倍增长，幸福指数并不会随之翻倍，而只能带来0.5倍的指标级增长。两位研究者举例阐释了这个现象：非洲布隆迪的人均GDP只有美国的约1/60，因此，如果这个国家中人均收入每提高100美元，相比于美国，就会给幸福感带来20倍以上的影响。[53]

随着时间推移，具备边际思维的人会对利与弊的转变十分敏感，他们的期望会线性向上，同时，他们也会准备用边际思维来应对改变，即只考虑现在所处位置对未来的影响。

机会成本

机会成本的概念与边际思维密切相关。举个例子，这个下午有一个小时高效工作时间，你可以选择清理电子邮件收件箱，回复所有的未读邮件，或是花时间来练习西班牙语。需要注意的是，以所投入的时间对比获得的效果，这两项活动都是边际效益递减的，与我们上面提到的谷物收成/肥料例子一样，你忙着敲键盘一封封回复一小时的邮件，在写到第二十封时一定会比写第一封花的时间多；同理，你在苦记西班牙语单词时，随着记忆单词数量的增加，你大脑的容量就会成为提升词汇量的瓶颈。

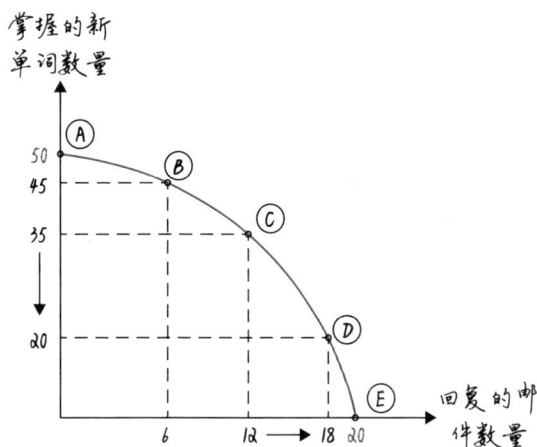

　　因此，在处理以上的两项任务中，回复邮件与记忆单词的效率都会随着时间推移而下降，这与图中的曲线描述的一模一样。我们看看下一个例子，如果你处于上图中的B点，在这一点表示你可以在下一个小时中回复6封邮件或记住45个西班牙语单词，而你定好的哥斯达黎加假期日益临近，所以会想方设法多记一些新词。在每一个小时里，你需要放弃回复多少封邮件，才能学会50个新词呢？这个答案是6封邮件。因此，让你记起机会成本存在最简单的方式，就是问问自己："我到底要放弃什么才能得到这些？这样选择真的值得吗？"

　　需要注意，根据你所在的起始位置，机会成本会有所差别。以边际思维为例，你如果处于上图中的C点，多记一个单词的机会成本是6/10封邮件，相对于A点的数量来说，这仅仅是1/2。具备边际思维的人会处处留意机会成本的存在，这会让你更有效地利用时间。

检查列表

边际思维

☑ 充分考虑所处的位置

运用边际思维决策，需要充分考虑现在所处的位置。有一点要注意，你如何到达彼岸并不重要，只需要明白当下身处何处就足够了。你向主管汇报的情况如何？你负责的建设项目进展如何？了解一个人所处的环境，理解目前位置采取行动的成本与收益，对于边际思维尤其关键。

☑ 向前展望

其实，你一直高估了在项目中投入的时间与金钱的重要性：你无法回到过去，也不可能做出任何改变。已经耗费的资源，可以划归为沉没成本。往前看，只需要将下一个投入所获得的收益，与增加的成本做比较。

☑ 列出所有选项

接下来，你该做出怎样的选择？假设你可以花一个小时来整理房间，或是读一本在桌上放了几个星期的书，从边际思维的角度出发，如果你的房间已经足够整洁，那么读书所获得的收益会大于做家务。

☑ 摒弃非黑即白的思维

你在生活中所做的各种决策中，很少出现非黑即白的选择，通常是处在中间地带。如果你在考虑晚上要吃些什么，就不会在不吃晚饭与饱餐一顿之间做出选择，反而会纠结，是否在晚餐后，再加一块巧克力慕斯蛋糕呢？

////////////// 更多案例 //////////////

酒店的房价

在酒店业中，满房预订是利润最大化的重要条件。一般来说，酒店的房间数量无法随意增减（这是固定的成本），每一位

增加的客人所消耗的成本（办理入住、房间清理与餐饮等），相对于其带来的收入要少。我们假设每新增一名顾客的服务成本为50美元，而每晚的房价为200美元。在城市的旅游淡季的某个深夜，一位旅客到前台办理入住，但他兜里只剩下100美元，酒店是否应该接受他的入住申请呢？答案是接受，即便是低于常规的房价，通过比较边际成本与收益，每晚100美元的价格酒店还是有利可图的。

个人所得税

我们再来讨论所得税的话题。世界上许多国家针对所得税采用的是递进税制，这意味着随着收入的增加，相应的税率会上升。比如，2019年美国的所得税率的设置是：0—9 700美元区间为10%；而超过510 300美元的部分则为37%。递进税率系统的主要目的是缩小收入差距。高收入家庭所缴纳的所得税一定比低收入家庭要多，而自由职业者或是按销售额收取报酬的职业人士，对于每一个小时的边际效益就要精打细算了。因为如果他们的收入处于最低税率的区间，就能保留大约90%的个人收入，但进入最高税率区间的部分，就只能拿到63%了。

给自己买双鞋

想象以下场景，你想要买双鞋，挑中了一双自己中意的标价100美元的鞋，当你准备去付款时，售货员想说服你买两双，价格优惠到150美元，这样每双鞋只要付75美元，看上去更划算。这时你需要用边际思维来做选择：第二双鞋能带给自己多大的满足感呢？很明显，第一双鞋的确值100美元，甚至能带给你超过100美元的愉悦感，否则你一开始也不会有要买它的冲动。但第二双鞋是否值这50美元的边际价格呢？其实，你从来也没有想过要买两双一模一样的鞋。

////////////////////// **要点总结** //////////////////////

我们在决策时，常常会将一些无关的因素纳入考虑范围，例如，过去已经发生的事情，或是已经支付的成本。在权衡整体的收益与成本时，我们也会落入全有或者全无的逻辑陷阱，这会让问题变得沉重而复杂。边际思维是很好的对比工具，它在本质上是一种经济学思维，只要求你将相关的变量考虑在内，在充分权衡增加的收益与支付的成本后，边际思维提供了理性决策的基础。

第八章

赢得分数：
明确你的标准并正确抉择

我一次又一次，为衡量标准在提升人类生存环境中
的重要性感到惊叹！

——比尔·盖茨（Bill Gates）

在面临多个选择时，如何决策从来都绝非易事。如果你一开始就做出了明智的抉择，那接下来就会更顺利——它所衍生出来的有效可选项会越来越多。现在，我们将引入能帮助你从多个选项中做出选择的技巧，并设立与测验各种类型的标准，运用积分与排序等方法来优化你的决策。

//////////// 明确标准，正确抉择 ////////////

关于建设美国航道系统的分析

在20世纪30年代，美国陆军工程队重新制定了一套决策方法论，主要用于决定采取行动的时机与方式——在没有任何经济学人士的参与下进行决策。

从当时所处的情况看，如果要采取某项创新的举措，政府立法推行是主要依据与动力。1936年实施的《洪水防治条例》明确规定，在实施航道工程项目时对所获的收益与成本进行考量，一旦所获收益高于成本，就要对航道进行相关改造。

但花出去的钱，是否能带来更大的收益？对此，工程师就要进行综合分析，航道两岸的农民、附近村镇的居民、当地的政府以及下游的各行各业，究竟会受到多大程度的影响？

要对所提议的每一个项目的成本与收益充分权衡，这时候，工程师需要一个分析辅助工具，不仅要有效，而且要简单可靠。由此，现在我们通用的成本收益分析法就诞生了。它不单单是我们最喜欢的决策工具之一，同时能稳定持续地帮你做出明智的决策。在这里，我们的目标是提供给你一些相对固定的程序，经过长期的持续训练，你与团队都会成为更稳定更优秀的决策者。

这一章也是本书一个重要的过渡点——从系统性地收集信息，经过深度思考后，到了信息加工并进行决策输出的时候了。你能从众多的选择中做出正确的决定，结果会不言自明。希望我们所介绍的方法能有效地协助你建立一套完善的标准体系，用以评估所有的选项，并将它们之间的差异进行量化比较。[54]

创建选项

既然你已经读到这一页，就表示已经熟悉了如何搜集数据并加以运用。现在要做的是思考可行的解决方案。第一步，开始创建选项，越多越好，你甚至可以将那些看上去离谱的选项，都一一纳入。换句话说，在一开始汇集选项时，我们会建议你将视野放开，尽力找出最大的方案集合（或是选项集合）。有充分的经验表明，让你的大脑习惯做出尽可能多的选择，长此以往得出更适合的解决方案的概率会更大。[55] 你轻易就得出的概念与想法，往往都不是最佳选择（第二章中就提到过为什么很容易得出的想法可能会限制你的思维）。

这样做最简捷的方式，就是整理出一张列表。在这个过程中，不要带任何评判标准，你所能想到的所有选项，就连那些看上去有些荒诞的想法，都可以囊括进来。举例说明，假设你正在思考未来职业的走向，以下就是应该纳入的选项：

- 待在现在的工作岗位。

- 在公司里寻找升职或者轮换岗位的机会。

- 跳槽到另一家公司。

- 自己开始创业。

- 通过投资实现财务自由，然后提前退休。

- 等等……

刚开始创建列表时，你会发现可以列举的选项层出不穷，不仅自行创业的选择非常广泛，可以考虑跳槽的行业与公司也选择众多。

在小组中主导以上的头脑风暴练习时（我们会建议以这种方式获得更多的选项），要确保你将观念化与评估体系区分开。我们推荐一种经常运用的方法：会议开始前发给每位参与者各式各样的便利贴，大家沉默5—10分钟安静地进行头脑风暴，将所收集到的所有人的选项进行整理列表，之后，充分地讨论与评估。这样会避免出现"群体性思维"——这种现象并不罕见，指的是过早（或无意）地将观点进行汇总，而形成统一意见。

明确你需要什么？是否足够？

设立明确的目标很重要，运用确定的方式衡量与评估目标一样不可或缺。我们开始假设每件事都是可以被量化的，[56] 即使是计量标准很难确定的情况下，也要缜密设置相应的数值或分数对选项进行积分，这会给整个评估程序带来极大的便利。

过去的数十年里，我们所看到的一些在计划与决策中出现的失败，大都是在开始之前未设置严格的标准所致。这当中也包括未能明确使用的标准的类型。我们在这儿举一个与生活息息相关的范例——西蒙如何选购家庭用车。这里的前提是他已经决定要买车，只是不知该如何做出最合适的选择。

以下是西蒙用来评估选项的分数系统模型。当然，你对于最佳的定义与西蒙所想的可能不尽相同，他首先开始做的是定义自己的标准，接着列出一系列问题来检验这些标准。他所确定的标准有两种类型：

1. 二进制标准。 在商业环境中，你也许听到过类似的提法："必买产品"或"不可协商"。实际上，你可以将两者看成必须回答"是"或"否"的问题，对个人的选择而言同样奏效（比如说买车）。在这个案例中，西蒙确认的必选条件是：车里有安全气囊。因此，问题就会相对简单：所选的车型是否有安全气囊？将这项标准进行可视化展现，会如下图所示：

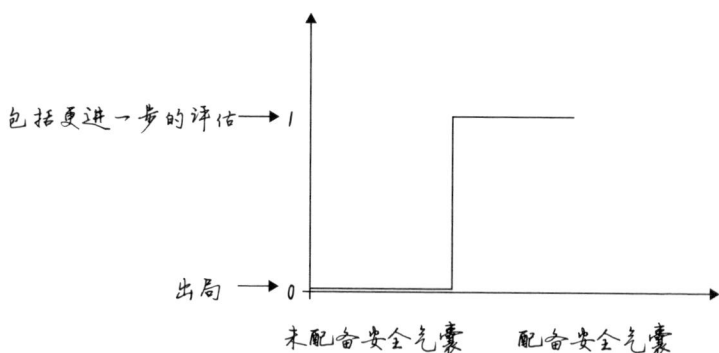

包括更进一步的评估 ⟶ 1

出局 ⟶ 0

未配备安全气囊　　配备安全气囊

这一类标准非常直截了当——需要或是不需要，要么存在，要么不存在。如果你要的并不存在，这个选项就出局了。在未来，也不会纳入考虑的范围。

有一点值得一提，存在比上述标准稍微复杂一些的标准类型：门槛型标准。它的不同之处是，在标准中你只需要关注某一个数值点，如果选项高于这个点（或是低于，取决于你设置的数值），就可以考虑令其出局，之后也无须再做考量。这一类标准并不罕见，比如预算控制、最低油耗等。在西蒙的例子中，如果车型与所设置的某一项门槛相符，他就会在下一阶段的分析中充分考虑，否则，这种车型就会出局。

2. 严格的改进或非改进标准。 简单来说，你可以将这一类型区分为是越多越好还是越少越好的标准。比如说，西蒙会以油耗为标准来筛选车型：油耗越低越好。

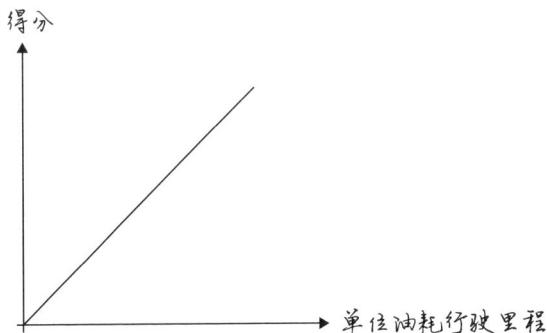

标准已经设立好，也明确知道自己需要什么，现在是时候将选项来进行对比，遴选出你的清单了。计分模型就是一种有效的方式，梳理完各种纷繁的标准后，再进行赋值，主要功能是对选项做量化的比较，以下就是创建计分模型的主要步骤：

1. 运用二进制标准（过滤器）创建一个筛选列表。 你所设置的二进制标准，也包括门槛型标准，能帮你清理掉那些不适合的选项。例如，西蒙可以在所列清单上，画去所有未配置安全气囊的车型（现在可以跟1960年的野马敞篷车说再见了）。同理，超出预算范围的车型也要排除（阿斯顿·马丁也可以告别了）。如此一来，你的列表就会精简不少。

2. 定义选项的权重并赋值。 到目前为止，你的确明白了自己关心的是什么，下一步要明确你所关心的程度到底有多少。可以采用以下几种方式，来给选项分配不同标准的权重。

- 对每一项标准设置对应的百分比。

- 如果以小组为单位来进行，可以让每个人以10分为标准，让他们在不同的选项中进行分数值的分配。这对于解释你的偏好异常地有帮助。也许西蒙的配偶会觉得安全气囊、油耗水平与价格三个因素同等重要，而西蒙真正关心的只有价格，[57] 因此，为了找准相关的权重所代表的百分比，接下来需要对每个选项的得分进行相加，再除以对应打分的人数之和。

- 同样，你可以选择两个自己最关心的选项，然后赋予它们1—100内的分值来进行评分。

3. 统计结果。 现在手上有了所列出的每一项标准的权重与对应分值，接下来将结果可视化，比如运用2×2的矩阵展示。这个方式能让你将两个维度中的每一个选项之间进行比较，从而分析当中的利与弊。

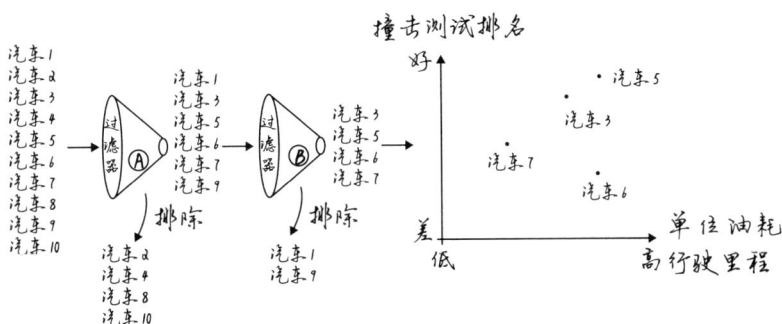

现在，你已经将不符合条件的选项排除（上图中的过滤器A与B），余下的选项都散落分布在"越多/少越好"的维度空间里。你可以将其放入象限中，如上图中x轴表示车型的单位油耗行驶里程，y轴表示车型在撞击测试中的排名。

4.做出选择。运用以上的模型，或是类似的展示工具，你能容易地分清并充分讨论所有的选择，当中一些可能会非常清晰——在上述的模型中，左下方的选项随时都可以被剔除，右上角的选项常常会是优胜策略，这是你需要追寻的目标。此时此刻，你心里所想的可能会是只要将选项模型建好，孰优孰劣就一目了然了，这也正是我们所希望的。确实，如上图中一样，"是"与"否"的选项会自动地高亮显示，但是，还存在一些可以进一步讨论的选项，另外一些需要更为细致的分析，比如说上图中右上角的3号车型与5号车型。

你脑子里可能会有这个念头：在自己最关注的两个维度里，这个矩阵实在是太有效了！不过，你如果关注更多的维度（可能远远超过两个），该如何应对呢？比如说，在现实生活中，你对于某个特定岗位的多个申请人，如何做出比较与选择？或者是处于一个成长与变化的团队中，你如何对成员的工作表现进行正确的评价？此时，我们引入的是蛛网图，一种运用多个维度来扩大或缩小图表面积的工具。以以上提到的岗位申请人为例，你所列出的标准可能如下：

- 工作经验年限。

- 人际交往的技巧。

- 演讲与沟通能力。

- 专业技术能力。

- 快节奏工作能力。

显然，以上的清单选项远远超过了2×2矩阵的涵盖范围，这时运用蛛网图做可视化展示会更直接。下图所示，就是对于某位特定申请人的综合评估，维度数值离图中心距离越远，代表越好。

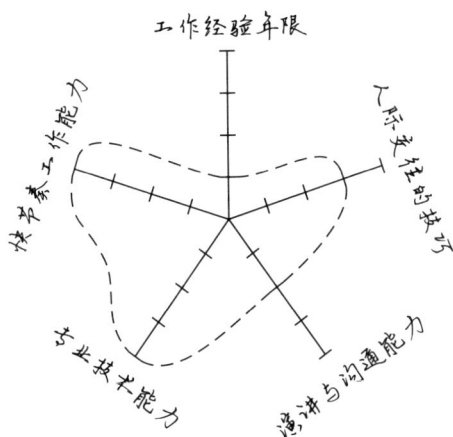

而下一张图表所展示的是两位申请人的蛛网图重叠后展示的效果，你可以看到，占图表的面积大的申请人更符合要求。这个通用的准则随着标准权重的变化会发生转移，比如，从上图明显可以看出，第一位申请人的蛛网图面积超过了另一位，这说明他综合实力更胜一筹。但将其所拥有的工作经验年限权重加大，图表面积就相应会发生改变。

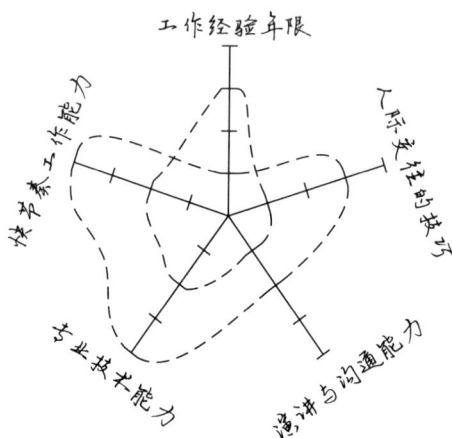

当你在比较多个选项与多个标准，并进行视觉展示时，蛛网图是非常有效的工具。

5. 提炼长期标准。如果你持续地运用上述方法，会对自己的标准更加熟悉。一开始你认为最重要的标准，最后可能毫无用处（一个看上去很赚钱但难以实施的项目，一般是不值得投入的）。另一种可能出现的情况是，原本你认为会是独立的标准，实际上却是另一项标准的组成部分之一。在上述岗位申请的例子中，你所列的演讲与沟通能力其实属于人际沟通技巧的一部分。在做出多次重复的决策后，你会留意到哪些标准是真正重要的，在反复思考后以此为基础，可以来扩充或是精简部分内容。

///////////////// 运用强制排名 /////////////////

在做一些重要程度相对较低的决策时，特别是考虑多方利益时，需要找出复合型的结果的情形下，强制排名就是一个特别合适的工具。在常规的计分模型里，你最初设计好的权重（或利益分配）并未包含有这一特性。比如说在本书的撰写过程中，我们常常开午餐会，这也是我们习惯共同讨论的方式之一。但对于午餐的选择，我们的喜好各不相同，喜欢的餐厅也不一样。以上例中的西蒙来说，如果他要选择午餐就餐地点，可能设置的标准如下：

- 对素食者友好。
- 午餐热量够高。
- 步行10分钟内可到。

而对他的拍档朱莉娅而言，她所关注的标准则会有所不同：

- 对杂食者友好。
- 非常辣。
- 就餐环境干净整洁。

如果对上述标准一一创建计分模式，并以得分结果进行餐馆的搜索与确定，未免会有些大费周章。这时候，你可以选择采用强制排名的方法：

1. 从上述的标准中选择项目，创建一个综合选择列表。（如从上例中，选择3—5项。）

2. 要求参与者对所列的选项从1—n排序（n 取决于一共有多少
选项）。

3. 将各个选项按顺序排列，得分最低的（最受欢迎）就是优胜
选项。

需要注意的是，在强制排名的模型中，参与者做出选择的原因
并不重要，我们的目的只是要快速找出所有人的偏好，然后依此采
取行动。

选项	西蒙	朱莉娅	
墨西哥菜	1	2	← 优胜选项
中国菜	3	1	
意大利菜	2	4	
韩国菜	4	3	

采用强制排名的方法得出选项的排序，接下来再一一进行比
较，这样做出每个参与者偏好最优化的选择。在上图的例子里，墨
西哥餐馆是我们得出的帕累托最优解决方案。在这当中，在没有使
任何人情况变差的情形下，会令至少一个人变得更好。

强制排名中存在的基本假设是：每一位参与者的偏好都是平等

计算的，但如果现实情况有所差异呢？这种情况下，你可以考虑为强制排名增加一项"一票否决权"。例如，在上面的例子中，我们认为西蒙对于素食的偏好要比其他标准更重要，也不用太在意朱莉娅的选择，这是我们可以赋予西蒙对于其他选项的否决权（例如牛排馆）。他甚至可以在强制排名开始之前，就行使这项权利。

　　另一种情形是，一些参与者的偏好的重要性的确比某一位要小一些。以选择餐馆的例子再展开讨论，西蒙并不想对各个选项逐个打分后选择，而是在谷歌地图上搜索各个感兴趣的餐馆，依据点评网站猫途鹰（Tripadvisor）上的评分进行优先排序。于是他要朱莉娅大声念出她找到的各个餐馆的名称，当念到自己想去的那一家时，西蒙会让朱莉娅停下来。我们无法得知，这一项对西蒙来说是否为最佳选择——如果朱莉娅继续念下去，可能会出现他更喜欢的餐馆。无论如何，在这个时点西蒙找到了自己中意的解决方案。这个选择也许对西蒙并不完美，实际上，他已经充分考虑了自己的偏好，只不过放弃了花费更多时间与精力来做更为复杂的选择。相对于在哪一家餐厅午餐，可能他更关心的是如何更快地吃上一顿。

　　上述例子中的决策过程简单而直接（经常有人也为选择餐馆头疼不已），但是，你可以触类旁通地将这个方法运用到更重要的决策过程当中去。

　　让我们思考另一类情形，假设你要为公司的新办公楼选址，这个项目不仅是重要的财务决策，也会涉及个人感情的因素。在管理团队中，你让参与者各自独立完成选项的强制排名，在这当中相互对立的不同利益冲突也不可避免。鼓励决策者在相互关联的选项中得出自己的选择，会让局面变得更为明朗，也能让团队成员对各自的立场与偏好展开充分的讨论。

赢家与输家：成本收益分析

回到前面所讨论的陆军工程队的案例，他们一直忙于在美国各地修桥筑坝，按照当时的法规，一旦工程项目产生的利益高于付出的成本，就应该立即着手实施。终于，陆军工程师们不再反复询问自己的项目是否对军方有益，或是会给美国政府做出贡献。他们所展开的是一项更为全面的成本收益分析：哪些人从中受益，以何种方式，以及获得受益的程度。

一眼看上去，这正是政府应该采用的决策方式，在理论上，政府的职责是促进社会福利最大化。有人会不禁发出疑问，这个方法中的原则与思路，能否适用于私人机构？在机构负担所有成本，其他人（顾客、竞争对手）取得收益的情况下，它是否还有应用的意义？如果你能向获益者收取费用，这当然可行。因此，当你能确定项目的收益大于成本，下一步就要设置如何从获得利益的个人或者群体中收回你支付的部分成本了。

我们并不准备撰写一本关于财务分析的教科书（当然读者也不会做出这样的预期），但在这里我们要运用一点学过的算术技巧。假设你想为公司添置一套烘焙设备，用以制作德国（西蒙的家乡）圣诞曲奇饼，还有来自澳大利亚（朱莉娅的家乡）的雷明顿蛋糕。这套设备成本为10 000美元，烘焙师的月薪为1 000美元，每月可以生产出600个曲奇和700个蛋糕，所有的糕点都可以以1美元的价格出售。项目预期运营时限为10年。一旦投入这个项目，你会搭上所有的积蓄，现在要问问自己：项目所获得的收益会超过成本吗？

1.第一步，用所论述过的方式，快速厘清自己的收益与成本。

2.第二步，我们需要能将第十年所获收益与现在付出的成本进行对比，可以通过确认成本与收益的现值来完成。在这里，我们展开一个快速数学的小教程：

● 按时间价值将成本与收益折现。我们所依据的原则是：现在的1美元比一年后的价值要高。这是为什么？因为我们对于金钱的需求总是越快越好，如果在利率为r的情况下，你在完全无风险的市场里进行投资，一年后所得的是本金乘以1+r。因此，以一年后所付出的金额除以1+r就可以计算出现在的金额。

● 简化一下，我们以10%的年折现率来展开以下的公式：

净现值（NPV）=（收益的价值−成本）/（1+r）^{t}

r=折现率（例如10%）

t=相关的时间长度（例如年限）

还是有些摸不着头脑？不用担心，成本−收益分析开始的部分会与你的直觉有一点相悖，下页图是详细展开的项目数据分析表。[58]

	说明	当年	第 1 年	第 2 年	第 3 年	第 4 年	第 5 年	第 6 年	第 7 年	第 8 年	第 9 年	第 10 年	总数
成本：新设备	10 000 美元	10 000 美元											10 000 美元
成本：烘焙师薪水	每年 12 000 美元	-	10 909 美元	9 917 美元	9 016 美元	8 196 美元	7 451 美元	6 774 美元	6 158 美元	5 598 美元	5 089 美元	4 627 美元	73 735 美元
收益：曲奇销售	每年 7 200 美元	-	6 545 美元	5 950 美元	5 409 美元	4 918 美元	4 471 美元	4 064 美元	3 695 美元	3 359 美元	3 054 美元	2 776 美元	44 241 美元
收益：蛋糕销售	每年 8 400 美元	-	7 636 美元	6 942 美元	6 311 美元	5 737 美元	5 216 美元	4 742 美元	4 311 美元	3 919 美元	3 562 美元	3 239 美元	51 614 美元

按照表中的数据，现在，我们将总收益金额（95 855美元）减去总成本金额（83 735美元），通过简单的计算得出净收益为12 120美元。可以做出决策了，这台烘焙机也许不会是你开启财富之门的钥匙，但按照净现值来计算，项目所获收益明显高于支出的成本。通过快速计算，我们在短短几分钟之内就能得出10年后潜在的投资收益。

////////////// 让标准发挥作用 //////////////

不要太在意结果： 如果仅仅是因为不喜欢最后的结果，而对标准做出调整，这完全没有必要。保持对结果开放、透明的态度。

保持敏感： 在一开始，就要弄明白哪些标准真正重要，而哪些标准可能无法取得进展。比如，你正在寻找新的住所，最初的理想住处是带有洒满阳光的后花园。再仔细想想，去年一整年自己只在室外待了3天，在其余的362天中，也没有时时刻刻怀念这3天的阳光。同时你也明白，就算带后花园，如果是不受欢迎的社区，你也不会感兴趣。你最终反而会选择受欢迎的社区。事实上，你放弃了自己刚开始设立的标准，因为你对阳光后院不再感兴趣，而在做决定的时候不再保持对这项标准变化的敏感。

不要太复杂： 很明显，三项标准要比七项好，如上面所述，你要做的是聚焦在那些真正重要的标准上。

////////////////// 检查列表 //////////////////

如何找准重要的元素

☑ 设置标准

列出你最看重的标准。再想一想，怎样才能让你改变主意？你所设置的标准数量越少越好。

☑ 决定采用哪一类标准

二进制、门槛型，还是严格改进型？

☑ 完成第一次筛选

在进入下一个标准前，运用二进制标准将一些选项进行过滤与剔除。

☑ 标准并不是同等重要

根据各自对决策的重要程度，给所列出的标准赋予相应的权重。

☑ 避免群体思维

在多人参与的决策环境中，要求团队成员对标准做出独立的评估。

☑ 运用强制排名

以强制排名的方式来推演出各项偏好，并以此做出快速决策。

////////////////// 要点总结 //////////////////

许多选择并不会像你第一眼看上去那样简单直接。同理，许多看起来复杂而烦冗的决策，也完全可以快速有效地进行简化。每一个选项都存在各自不同的优势与弊端，我们常常难以做出正确的抉择。计分模型能精密设置相应的标准、权重与得分，从而提供给你一个有效且有力的评估方式。运用计分模型可以令沟通更为顺畅与便捷，充分探讨存在的可能性后，最终达成对你有利的解决方案。

第九章

说到做到：
在现实中检验解决方案

对于你的行为，不要过于腼腆与拘谨。人生不过是一场试验而已。你做的试验越多越好，生活的道路充满坎坷，你可能会弄得满身尘土、疲惫不堪。即使是你一次次失败再跌入尘埃，站起来，继续走，你永远都不要对未来的阻碍心生畏惧。

——拉尔夫·沃尔多·爱默生（Ralph Waldo Emerson）

《日记》

1842.11.11

////////// **这项思维策略的益处** //////////

常识有时会误导你，当用到一些所谓的最佳操作经验时，如果环境发生变化，就会导致令你失望的结果。为了保证你精心设计的方案达到预期效果，就需要更巧妙的方式，来对它们进行检测与验证。试验可以让你以快速而且经济的方式完成这项任务，对试验的结果做出总结，并在实施整体的解决方案时做出必要的调整。

第一眼看上去，这项思维策略应该属于本书前面的部分。不过我们确定你在真正实施项目的阶段之前，这项策略的引入会恰到好处。你可以将试验与测试看作从方案到实施的无缝对接，这与你在任何实践中边做边学是一个道理。

或者，你可以换个方式来问自己：最坏的结果会是什么？即便是一项试验失败了，所得出的数据，也可以用于继续探索新的解决方案。

人们的臆断、直觉与推测，都可以通过试验来验证。在软件开发中，程序员口中的敏捷开发，就是以试验为核心展开的。在这当中，并不会提前计划好所有的步骤与行动并按序推进，它采用的是多个试验同时并进的方式，并收集所得出的数据。

运用这项思维策略，会达成以下的效果：

1. 它能让你聚焦于真正的结果。一个项目之所以成功，不仅是因为它达到了预期效果，也因为它经得起现实的反复检验。

2. 它能减少重复劳动。因为试验中的反馈循环短一些，能快速发现当中潜在的错误或问题，同时能以比常规项目中更快的速度加以清除。

3. 它能降低风险。由于在整个实施过程中，项目的透明度会提升。与一般的项目比较，试验中存在的风险可以被更好地管控。

试验的运行是一件耗时费力的工作，通常经济投入也不小。因此，一般在充分考虑所处的特定情形后，再付诸实施。

////// 在现实中用试验来检验解决方案 //////

康斯坦丁是一家小型营销研究机构的负责人，公司主要关注细分的饮品市场，已经传承到了第三代。一般来说，客户要求他对瓶装与散装的饮料进行市场评估，并委托他进行包装设计与市场营销，公司创立与运行的使命也很明确：用户口渴时，自己的产品比竞品更有优势。

但是，他所面临的诸多问题是：如何选择最佳方式达成效果？怎样才能讲好产品的故事？什么才是最具说服力的概念？这些问题的答案随着时间的推移与环境的改变，在不断发生变化。

在康斯坦丁的回忆里，祖父的工作方式算得上是一门艺术：他会依据客户的喜好来选择设计方案，具有独特的个人品位，对于审美也把握得很到位，在那个年代，很少会有人对换包装之后的产品销售数据进行对比，因此，公司的客户对于这些出彩的设计达成的效果十分满意。由于市场竞争也算不上太激烈，所以每个产品都能维持稳定的销量，各自的品牌形象各具特色，大都会获得相应的市场份额。

公司传承到了第二代，规模逐渐增长，饮品市场的竞争者也日渐增多，仅靠才能与直觉来应对，显得有些捉襟见肘了。康斯坦丁的父亲采取了将个人直觉与市场科学有机结合的方式。他回忆道："父亲还是凭感觉来向客户推荐设计，常常得到不错的反馈，这可以算是家族的传统。不过，他也热衷于学习心理学与决策科学，会根据研究人员推出的新方法，及时调整设计的颜色与文字。"

现在，可以将上两代的工作方式与康斯坦丁的方式来比较一番："如今，我们拥有许多试验与优化产品细节的有效工具，实施效果也非常明显：设计、文本、色彩、材料这些因素中，我不会揣测是哪一个奏效，但只要选择不同的有代表性的零售渠道，投放几千瓶饮料到市场中，收集反馈的数据，就能知道哪一类会是畅销产品了。"

康斯坦丁所采取的就是商业试验的方式。首先，他创建了关于最终设计的多种样式，比如准备了五种不同的标签。紧接着，他要求不同的超市上架这些饮料（这里的假设是经常在超市购物的顾客在某种程度上具有可比性）。最后，他通过收集到的数据决定最佳设计效果。这些提炼出的观点，能让康斯坦丁在试验后确认最终的饮料包装，然后进行规模化投产。各种试验与测试，对任何决策者来说，都是极具价值的工具。

对于那些影响重大，但结果在某种程度上可逆的决策，进行试验就非常适合。当你发现周围的环境异常复杂，而且变化莫测时，试验产生的效果反而会非常好。这当中隐含的逻辑，是尝试与犯错付出的成本不太高昂的情况下试验才行得通。如果你要做出的选择至关重要，而且并不可逆，就要三思而后行。而对于这一类决策，可以运用我们前面介绍的计分模型策略来应对。

试验的两种类型

通常来说，运用试验来测试你的理念有以下两种方式：

1. 随机对照试验（RCT）。这种方式通过比对一组接受人群（试验组）与另一组未采取任何行动的人群（对照组）的反应，来测量变化带来的影响。你可能听说过A/B测试，这是随机对照测试在互联网术语中的另一种称呼，常常用于优化网络的内容。

2. 序列试验。按次序对统一群体（或主体）来实施，在不同的循环中调整相关参数，以此测试其有效性。

随机对照试验被认为是科学探索中最有效的方法之一，但在多数情形下无法开展。首先，如果要确保所获结果真正是有用的，你需要对比两个足够大的群体样本，而且测试主体必须做到完全随机分配，一旦随机的有效性无法保证，虽然试验仍可以进行，但会需要大量的精力来关注当中发生的变化与偏差（比如说，某一参与者会自动选择加入试验组或对照组）。

相对来说，按次序进行的试验会更简单实用一些，但结果的可靠性会有所欠缺，试验本身运行的时间也会更长。在随机对照试验中，试验组与对照组可以进行实时对比，相反，序列试验中的群体对比只能按次序进行，这样一来，相关因素在不断运行中会发生变化。对某些干预措施而言，序列试验是测试其有效性的唯一方式。

下面我们分别审视这两种方法。

运用随机对照试验确定最优价格

在2014年发表于《哈佛商业评论》的一篇文章中，联合作者斯特凡·托姆科（Stefan Thomke ）与吉姆·曼齐（Jim Manzi）对

Petco（美国最大的宠物商品零售商）公司的创新文化进行了详细的阐述。值得一提的是，这两位教授是在现在的商业领域广泛应用试验方式的最有力的拥趸。[59]

Petco作为全美国最大的宠物用品零售商之一，公司管理层每年要实施超过75项不同的商业试验，这让诸多研究者感到惊叹。试验的每一位负责人会按要求列出试验的具体运行方式，如果取得成功，将为公司的创新使命做出实质性贡献。

每一项试验中，Petco会随机挑选30家门店（试验组），并将它们从销售规模、客户类别与所处区域等方面来与相似的另外30家（对照组）进行匹配。随后，公司会组织盲测，这一类测试是在门店的经理与员工毫不知情的状况下进行的。其实，盲测在医药行业已经广泛应用，并形成了标准流程。他们会设置不同的试验环境，通过调低研究对象的非预期倾向，来对他们的行为模式进行调整。

这种试验场景安排可以让Petco检验与优化一系列的门店操作细节：从价格设置到店铺陈列、营业时间与特价设定等。在某一项试验中，Petco发现在其他条件完全一致的情况下，以25美分为尾数的产品的销量最好。这与我们常识中99美分与95美分为尾数的最佳价格设定有所偏差。一开始，公司的管理层心存疑虑，抱着试一试的态度批准了公司全新的价格设置计划。最终的结果振奋人心：新计划推行后（从与试验组相似的门店开始），短短6个月内这些产品的销量增长了24%。所以，你对于未知一定要始终保持谦逊，直到试验对其完成了验证。

////////////////////// **检查列表** //////////////////////

如何运行随机对照试验

☑ 明确研究假设

你想要找出怎样的答案？在研究开始之前，明确你的特定假设至关重要，例如，你所做出的假设是适度的涨价（+10%）不会给销售带来较大的负面影响。

☑ 定义结果变量

试验能让你在所获结果的维度基础上（比如销售额），建立改变与输入因素之间的连接（比如价格）。更为直白的表达是：它能帮助我们理解行为产生的直接后果。

典型的结果变量有：产品价格或营业收入、点击转化率（如果你正在优化网页内容）、所管理或照看的人数（如果在住房与健康行业）、个人生活质量与客户满意度等。

☑ 创建两组群体：试验组与对照组

为了测量某个变量的有效性，你需要两组具有相似特征的群体：试验组（接受干预）与对照组（不接受干预，或只是接受安慰剂）。

上述两组群体都必须随机选择，这非常重要。在理想状态下，无论是任何研究主题，当中的成员身份都必须是完全随机的。要做到这一点其实比想象中更难。在许多案例中，自主选择的现象经常发生，在这种情形下，相似特征的个体更有可能成为任意两种群体的一部分，从而导致试验结果出现偏差。因为在主题群体中某些共有的特性（比如社会文化因素、居住地或仅仅是在试验阶段是否有空闲），可以成为群组之间不同的原因解释，而并非所施与的干预。

为了获得具有足够代表性的数据结果，你需要同样足够大的样本数量。用以计算最优样本规模的公式有不少，通常最有效的原则是：在商业环境中，选择30—50个观察样本量就能满足所需的条件。

☑ 对某个群体实施试验

在随机分配某个主体至试验组或对照组后，需要适时调整对试验组的输入内容，同时保持对对照组的输入不变，在Petco的例子里，你可以在全美国选择随机的门店，将某件产品（或是某一类产品）的单价提高10%—20%。

要确保你选择的时间段适合测量具体效果：一天的时间可能会太短，但一整年会太长。

☑ 测量与比较

在提前定义好的时间段过去后，你可以收集输出的数据（在我们所举的例子中指的是销售额），并计算出平均值，如果试验组与对照组中的样本分配完全随机，那么10%的涨价，直接就是上述两个群体的平均结果之间的差异。

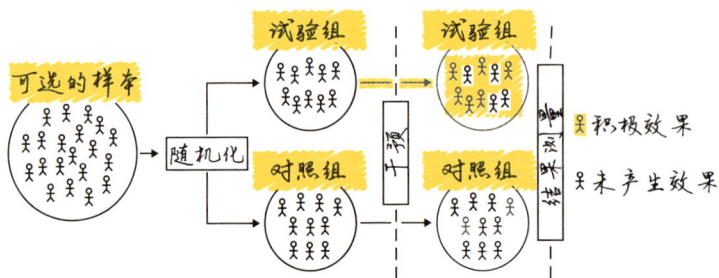

测量饮食习惯对于睡眠的影响

再来审视上述的第二种试验类型：序列试验。我们以个人睡眠质量为研究主题展开讨论。

最近的研究结果显示，稳定的睡眠对个人的认知能力与健康状况都很重要。我们并不会感到意外，如果你对提升自己的睡眠质量感兴趣，首先需要了解以下四项内容：

常识/本能	因果理论	科学测试	现实中的试验
对于有效方式的模糊感受或感觉	因果模型，以逻辑为基础	在不同环境下的科学研究	在真实环境中设置可比条件进行试验

信任自己的直觉和所拥有的常识只是第一步。关于提升睡眠质量的常识有：调暗卧室灯光，屏蔽夜间噪声，同时尽量避免在入睡前吃太多东西。

下一步进入到相对复杂的阶段：我们对因果理论有一种天然的信任，认为它一定会产生效果。比如，假设每个人都具备能自我调节的睡眠循环，一旦发现自己设好的闹钟反复提醒，你还是沉睡不醒，就能推断出身体需要更长的睡眠周期。因此，尽早入睡（或更晚醒来）会改善你的睡眠质量。

接下来我们要了解关于睡眠的科学概念了。通过对教科书与研究资料的学习，你将很快熟悉生理节奏与快速眼动睡眠期等名词与其含义，同时也在寻找进一步改善睡眠的潜在机会。

事实上，人类的身体与我们通常看到的统计平均数有很多不同。对每一个个体而言，需要不停寻求对自己真正有效的方法。比如，你可以将上述所提到的方式都尝试一遍，也可以多试试其他方法：例如调整睡前的饮食（碳水化合物与蛋白质），调试房间的温度，甚至是服用医生开的处方药褪黑素。[60]

////////////// 检查列表 //////////////

如何运行序列试验[61]

☑ 从定义研究假设开始

你想要找出的答案是什么？假如你正忙于某所名牌商学院的EMBA（高级管理人员工商管理硕士）课程，同时想要拓展自己的认知能力，一个有效的方式（我们在前面也有所提及）就是进行有规律的冥想训练。在一些不具备代表性的朋友圈调查中（包括互联网论坛里），这种方式看上去并不适用于所有人。

☑ 思考如何开展试验

你要如何衡量影响结果的变量呢？所设置的标准要具备以下条件：

- 有效性：按预期能实际测量结果的程度。

- 可靠性：保持客观条件不变的情况下，可进行持续的测量并得出结果。

- 准确性：在完整与精确的基础上，可对变化值进行准确测量。

例如，你需要得到正确解出50道随机选择且难度相同的数学题所耗费的时间。在选择样本数量时，统计解出5道题目的时间会明显不足，而找出求解200道题的时间明显又会太多了。

☑ 定义试验标准并严格执行

要准确测量试验对于最终结果变化的影响程度，先要制定一套标准程序，并严格执行。在此过程中，尽量控制与降低其他相关变量的影响。一旦失控，就无法建立试验手段与最终测量结果之间的因果关系。在我们上述的例子中，这可能要求你在试验期间持续进行30分钟的冥想——在同一时间与同一地点。

☑ 设置时间窗口

在随机对照试验中，试验组与对照组同时推进，并可以实时比较。而序列试验不同的是，它的主体具有唯一性，这也是主要的限制因素。因此，设置一个规定时间窗口，确保有足够的数据点产生，这对于结果的测量非常关键。如果你的试验每天只能进行一次，那至少要运行几个星期才能得到充分的数据。

☑ 确定试验的设计

在序列试验研究中，以下三种设计最为常见：

- A—B

这是研究因果关系最基本的试验设计，它分为两个阶段：阶段A用以测量未经任何干预的基准线，阶段B是干预介入阶段。

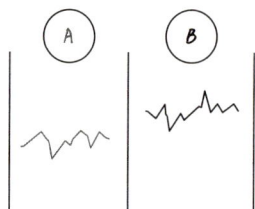

- A—B—A

这类设计会稍微复杂一些，它能让你对比干预实施前后产生结果的差异。同时，它也能决定效果所延续的时间长度：在第二个A

阶段中提升干预水平，可能会造成对前一个阶段B干预效果的溢出效应。

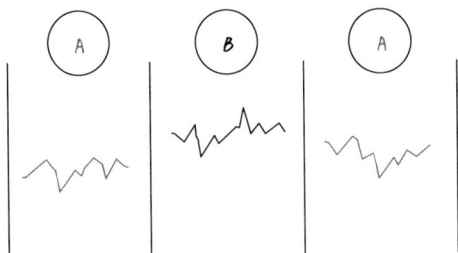

- A—B$_1$—A—B$_2$

这类设计能让你确定干预强度对于结果变化产生的效果程度。以冥想的例子来说，你可能会有兴趣知道，延长早晨的冥想时间是否能提升自己的睡眠质量，因此，你可以将这个时间从B$_1$阶段的30分钟延长至B$_2$阶段的45分钟。

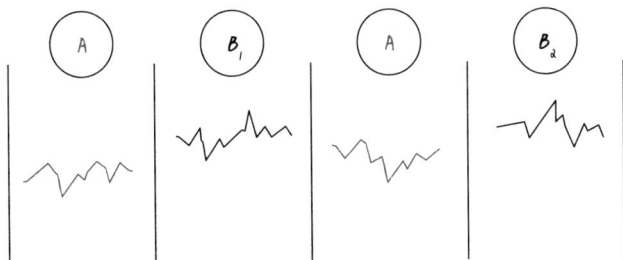

☑ 计算差异

快速计算出每个阶段的平均值，在得出每个阶段的差异之后，判断你的干预（在例子中是冥想）是否对结果产生了影响。

☑ 判断结果是否显著

这一点涉及复杂的数学知识。你可能听说过P值，如果变量依据正常分布，而且样本规模足够大，P值就能展现出统计结果的显著性。[62]

需要提醒的是，对于因果关系的阐释与解读要保持谨慎。试验的首要目的是建立相互关联，不要过早地将因果关系混淆在当中。此外，数据质量与测量都可能具有挑战性，最终结果的质量取决于试验中接收的数据质量。多采用A—B—A与A—B_1—A—B_2试验设计，而不要简单地运行A—B试验，也要将各种类型中A阶段的数据横向对比，这不仅可以确保数据基准线的稳定，也是得到高质量的结果测量维度的有效方式。

////////////////////// **更多案例** //////////////////////

试验工厂

生产流程或制造技术的变革，从来都是一项极具风险的尝试。尽管当今的软件技术能让工程师在产品量产前，对产品的工艺变化数据化建模并模拟，但在现实中，常常会出现无法精确控制的情形。所以与其在整个生产系统中规模化推行，制造行业的公司一般会在一到两家试验工厂进行新技术的试运行。这个方法类似于运行一个小规模的序列试验。这可以让公司在真实的环境下检验全新的技术工艺，并从失败中吸取经验，将风险降到最低。

运用HIT进行快速实验

人类智能任务（HIT，human intelligence task）是由规模较大的任务拆分而成的一个个短任务，用户以各自完成的任务量获得相应的报酬。知名的HIT平台有亚马逊的Mechanical Turk，还有

Clickworker 与Toluna。这类平台在测试网络用户对于新的品牌广告语或商标设计的效果方面特别理想。如果要HIT高效运行，首先得明确目标群体（例如年龄层次处于30岁左右）、样本数量（20人为一个群组）与一个有效的方式（对选项排名）。与我们讨论过的聚焦于可观察结果的各类实验不同，HIT主要依靠问卷调查的结果，这就会受到所谓的"满意度"困扰——被调查者会倾向于选择第一个合理的回答，快速同意这个论断，或是完全随机地回答问题。要记住，必须将问题设计得简短易答，尽量缩短问卷回应的时间，来降低"满意度"的干扰。尽管算是一项相对困难的认知任务，往往调查问卷的强制排名能达成最好的结果，也能做出强制的绝对比较。

要点总结

怎样才能知道方案真正有效？我们如何才能保证采取的行动会达到预期效果呢？在理解因果关系时，我们通常猜测、模仿他人或者沿袭以前的经验。结果往往令人失望，你所遵循的经验可能只在特定情况下适用，一旦环境发生变化，这些方法就会统统失效。试验能检验你的解决方案，测试它们是否能经受得住现实的压力与打击。与此同时，在你拥有足够数量的样本情况下，对试验组与对照组用随机对照试验（比如A/B测试），或者，在只存在一个选择主体的情况下，选择采用序列试验方式。

Part 4

第四部分　达成使命

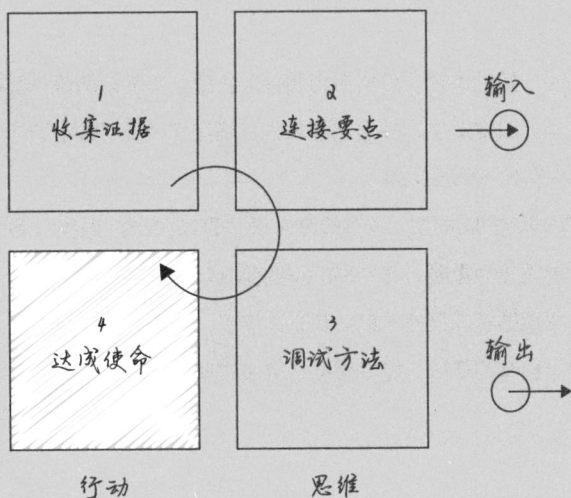

1 收集证据	2 连接要点
4 达成使命	3 调试方法

输入
→⊕

输出
⊕→

行动　　　思维

作为本书的两位联合作者，我们都是天生的乐观派，同时也是现实主义者。这两种精神的结合会充分体现在本书的最后一部分。我们渴望获得成功，但也时刻准备接受失败，这是能从失败中做出变革的理性方式。在现实世界中，许多企业的并购重组都无法实现其预期的价值；每年的2月，我们当中80%的人都忘记了自己信誓旦旦设置的目标。其实不必多说，我们都知道改变真的很难。

即使是基于存在的问题、手中的数据与深刻理解因果关系之后所得出的完美解决方案，在实实在在地采取行动之前，都不值一提。实际上，在形形色色的商业与职业场景中，许多看上去宏大的战略都被公司与机构束之高阁，或是无奈放弃。造成这种情形的原因有很多，也许是最初所预期的专业人力资源与资金无法到位，也可能是实际投入远远超过预算。大家一致认同的决策，最终可能会让公司陷入困境，你要做的，是竭尽所能避免这种情形出现。

本书的前三部分中，我们阐释了如何做出明智的决策。接下来的这一部分，我们想要分享如何让改变发生，并且站稳脚跟，确保你今天所做出的正确选择，成为未来持久有效的制胜策略。

决策执行失效的情形屡屡发生，对决策者来说，理解失败的原因，掌握应对困境的策略就显得尤为重要。在本书的第四部分与最终展示的内容当中，我们将检验几种决策的实施策略（包括实际选择），并教会你如何创建激励机制，这些策略与机制的安排，能积极推动解决方案的执行，并产生实际效果。

第十章

概率倍增：
用期权提升成功概率

你的任务不是预见未来，而是去实现它。

——安东尼·德·圣埃克絮佩里（Antoine de Saint Exupéry）

《要塞》或《沙子的智慧》（1948）

////////////// **这项思维策略的益处** //////////////

如果你正在为是否投建新工厂踌躇不决，或是对是否该买辆新车、是否雇用一位新员工拿不准主意，假如能随意改变自己的决定，以上这些选择对你来说都不会是难题。在当你面对不确定性可能带来的严重后果时，这项思维策略就能让你做出有效避免相关风险的正确决策。

世界上的事总是难以预料。随着周边环境的改变，你如果能在不同选择中任意切换，这就是一项非常重要的能力。当然，这种灵活性往往都会存在一定的成本。

这项思维策略能帮助你：

● 考虑未来的"选择可能性"：能在运行的过程中重回原点，并做出不同的选择。

● 计算现实存在的期权的成本与收益。

● 决定以合理的代价购买相关期权的情形。

● 将决策错误产生的风险降到最低。

● 以相对较低的成本将你的可选择数量最大化。

● 考虑做出更佳决策所需信息的价值。

////// 运用实物期权来提升成功概率 //////

当安妮终于在爱丁堡找到一家满意的公寓后，房东向她发出了一份有趣而具有挑战性的提议：如果安妮签订超过24个月（市场上常见的是12个月）的租约，每个月可以节约500英镑的租金。安妮在城中心的工作前景不错，和男友也计划在爱丁堡至少待上5年时间。在每月4 000英镑的房租中，如果能省下500英镑，意味着两年之内有12 000英镑的进账，这是笔不小的收入。但是，万一出现不得不提前结束租约的情形，安妮该怎么办？

这时候，我们可以引入实物期权（real option）概念：这是一种对于变化的情况进行有效评估，并能让你回到决策原点的工具。在现实中，我们需要做出不计其数的选择，当中有一些事关重大，而且牵涉财务上的得失：我是该租房还是买房？是现在就买机票，还是等到下周看看有没有折扣？明年我可能需要搬到其他城市，今年为孩子支付私立学校的保证金是否合适？我手上还没有新客户和新订单，在工厂中再增加一条生产线是否有风险？面对以上的种种不确定性，期权可以协助你正确规划，并做出灵活的应对。

什么是期权

在进一步阐释之前，我们对金融学中的期权做一个快速的介绍：期权赋予持有者在到期日或之前，以固定价格（称作行权价格）买入或者售出某种特定资产的权利。[63] 如果想要为决策增加确定性，期权就是你需要的工具。比如说，在4个月内你需要为投建新厂房采购一批钢材，但没有地方存放新购入的物资，与其购买钢材现货，更好的选择是买入未来以某个固定价格购买钢材的期权。换句话说，你可以现在就买入钢材，但不必非得采取行动，这其实是一种选择的权利。你只需要为此付出一点溢价就可以获得这项权利。相当于是为自己买了一份保险，以防止将来钢材的价格上涨到你难以接受的程度。在金融术语中，这被称作看涨期权。与之相对的是在未来以固定价格卖出某项资产的权利，而非义务，这被称作看跌期权。

回到安妮的案例中，如果她接受了房东的提议，就等于放弃了一项选择的权利——在合同到期之前结束租约，她每月就得接受500英镑的租金损失。这种情形下，她该怎么选择？我们来具体展开分析：

在以下的决策树中，长方形代表的是决策节点（decision node），圆圈代表的是机会节点（chance node）。[64]

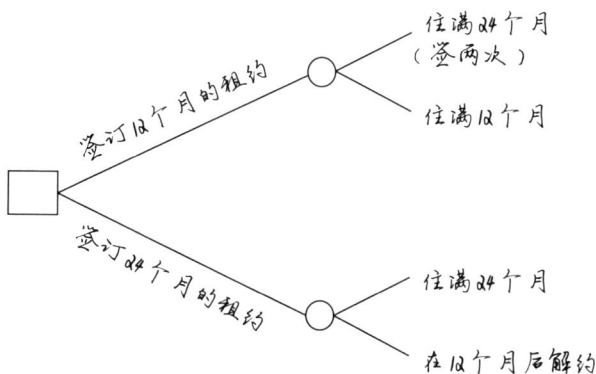

安妮该不该接受两年期的租约，取决于她在公寓中居住12个月还是24个月的主观概率。我们假设她居住满24个月的概率为80%，居住满12个月的概率为20%。

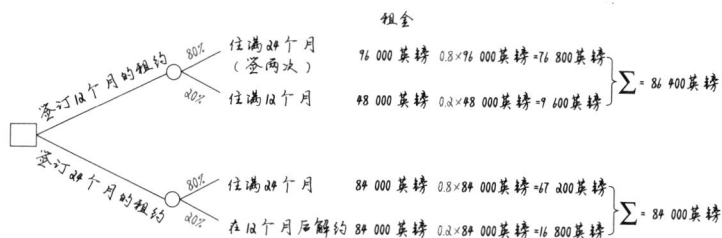

按照相应的概率计算得出，安妮应该选择签订24个月的租约。这最终能为她省下2 400（86 400-84 000）英镑。我们转换一下思路，安妮两年期间得到12 000英镑的现金，用以交换她放弃在12个月后随意离开的权利。以安妮的主观概率为计算基础，签订24个月的合同能为她带来2 400英镑的收益。

不仅租房的时候要考虑期权的价值，购置房产时更要慎重对待。在美国的大多数州，法律规定在购置不动产时买家需要付一笔金额相对较小的保证金（例如1 000美元），用以在3天冷静期内锁定拟购置的物业，在这期间买家可以进行必要的法律手续审验。如果最终放弃购买该物业，卖家会扣留这一笔保证金。事实上，买家购买了一份在未来时间以协定价格购买不动产的期权。这项期权的存在，能有效防止其他人在冷静期内再购买指定物业。

在一些特定的情形下能免费获得期权，这取决于你的议价能力。我们来看看一个有意思的例子，在某个周六的早上，你想要为晚上参加宴会买件外套。逛了几家店之后，你还是想回到第一家店去买。但是，你并不确定这是最佳选择，毕竟还有大半天，也许还能碰到更合适的衣服。因此，你要求店员将自己选中的衣服保留到下午3点，她也爽快地答应了。此时此刻，你得到了一份期权，拥有了一项权利，而非义务。在周六下午3点以前的任何时间，你能以谈好的价格购买这些衣服。这是一种获取免费期权的聪明方式。这自然会给店员带来一些不便，因为她不仅要将这些衣服妥善保管，并不得不礼貌拒绝其他人进行选购的权利。

而一旦你决定不行使这份期权，只需要不在3：01之前返回店铺即可。这样一来，衣服就会重新回到货架上销售了。

　　这个例子很好理解，但却算个例外。在现实中期权几乎很难免费获取。我们来看看亚历克斯和丹妮的案例。他俩有一对不满8岁的孩子，他们每人的工作都很忙，还有各种各样其他事情。4个月前，他们意识到几乎没有独处的时间。所以，亚历克斯提出了一项建设性的解决方案：每个周五晚上为孩子预约一名保姆，如果他们俩想出去吃个饭，或者看一场电影，保姆玛特会在晚上7点前赶到家里；而他们不愿外出想跟孩子多相处一些时间，或是来场家庭晚宴，只需要取消预约就可以了，不过仍需要支付保姆的酬劳。为了确保玛特每周五都有空来照看孩子，不管他们是否外出，都必须支付这一笔固定的费用。

////////////// 在决策中运用期权 //////////////

　　你只要留心观察，会发现期权其实无处不在。而作为你决策弹药库的有力武器，期权在决策中将发挥出强劲的威力。我们接下来会介绍三种在决策中发挥特殊作用的期权类型：用以扩张的期权、用以延迟的期权以及用以放弃的期权。

扩张

扩张或是保
持现状

延迟

按下暂停键，
付出相应代价

放弃

STOP

终止，你可
以随时出局

用以扩张的期权

第一种类型是用以扩张的期权，它可以在未来某个时点以两倍或是三倍的比例将目前决策的效果放大。例如，你作为某家制造业公司的管理层，也许无法准确判断现在是否有必要扩大生产规模，但明确知道未来产品的需求会增长。此时，拥有这一项期权就会让公司在未来受益：以当前的价格在工厂附近购置土地。期权产生效果的前提是你的市场判断得到验证。即使未来市场需求并未增长，公司也可以将土地转手或是租赁出去。这项期权赋予了公司行动的可能性，而不是一项义务。在未来，你具备了对被验证正确的决定灵活调整的能力。

我们也可以看看用以扩张的期权的另一些场景。在某系列电影第一集结束时，是否拍摄续集仍然悬而未决。在电影《哥斯拉》进入尾声的画面：即使世界已经被拯救，我们在渐渐淡去的背景中，看到哥斯拉怪兽下的蛋一个个在裂开。至少世界目前是安全的，直到续集开始。

用以延迟的期权

这一项期权的用途不言自明。它代表在目前无法承诺立即行动的情况下，在未来进行某个项目的权利。你可以很容易地就将用以延迟的期权与劳动雇佣关系关联起来。

在2009年全球金融危机期间，有一些知名的跨国机构对录用的员工推出了一项类似于延迟期权的政策。比如，美国律师事务所世达国际（Skadden Arps）新雇用了一批初级合伙人（刚从法学院毕业的入门律师）。而当时的市场环境并不乐观，尤其顶级的律师事务所业务明显下滑，让这些新员工立即入职并不是个明智的决定，不过，市场也没有萧条到让他们另择出路的地步。世达的合伙人也明白，他们只是需要一些时间等待市场回暖。对此，事务所支付给这些新人第一年50%的薪水（当时的行情是8万美元），让他们等到第二年再正式入职。在这一年中，他们可以环球旅行，写本小说，或是做任何想做的事情。因为他们已经获得了一年后在顶级律师事务所工作的保证。但与此同时，事务所得好好花点时间来消化提供给合伙人延迟期权的高额成本。

我们再假设一名电影制片人读到某本精彩而感人的小说，她觉得这个故事值得向更多的读者推广，心里也在构思一部打动人心的电影剧本。为此，她付出相对较低的代价购买了小说的电影改编权（小说作者的收入一般不会太高），同时拥有了一份独家的期权：既是将小说拍成电影搬上大银幕的权利，也是将拍摄延迟到机会成熟时的权利。也许这本小说永远也不会改编成电影，但只要制片人拥有这项期权，其他人就无法再有同样的想法了。

现实中还存在另一类用以切换的期权。在你需要将某个项目或生意暂停时（比如说，由于政治因素或是市场情况恶化），这项期权就能发挥作用，它能让你在未来任何时候，特别是某些客观条件成熟时重新启动项目运营。

用以放弃的期权

第三种期权的类型是用以放弃的期权——在某一特定的时点，或者是相关情况发生变化时选择退出的权利。劳动雇佣关系中的试用期就是经典的范例。比如，西蒙雇用了朱莉娅作为3D（三维）打印机的操作员，一方面，他为3D打印的美好前景兴奋不已，但同时也对这门生意成功与否有些怀疑。为此，他在与朱莉娅的劳动合同中添加了一项90天试用期的条款。在此期间内，双方的关系会进行评估与再确认，或是按照西蒙的意愿选择终止。

试用期的存在赋予了西蒙一份用以放弃的期权，在不为公司与个人增添任何附加成本的情况下，西蒙可以终止与朱莉娅的劳动合同。再来看看市场上的短期人力资源中介，他们是专为招聘方提供较短期限人力资源的机构。相对于用传统的方式签订中长期的劳动合同，他们让需求方具备更好的灵活性。这些带有用以放弃的期权的合同在实际运用中就会简单许多。[65]

我们在前面讨论过零售商的退货政策，那些为网上购物提供免费退货的百货商店，实际上是免费赠予了消费者一份用以放弃的期权。在设定的期限内，通常是30天或是60天中如果你觉得货品不合适，或是你觉得不满意，就可以放弃购买并拿回支付的货款。在某些情况下，零售商会向你收取退回货物的运费，这可以看成你为在家中试穿买来的衣服，或是将物品居家使用所支付的对价。实际上，这是一项看跌期权，你为销售方卖出该项货品的权利付出了相应的代价，同时商家不用支付运费。为了在家中使用所购的物品，你同意接受可能不再像购买时对它们那样满意并将其保留，为此支付一定费用退回货品的可能性。

将期权最大化

商业领导者拥有多项才能，作为他们的目标之一，应该是设法让组织内的期权最大化——将其倍增到某个合理的程度。太多期权的存在，可能让你在决策中左右为难，但如果期权太少，一旦情况突变，你将会没有退路。

作为本书的作者，我们俩为初入职场的新人提供过许多职业生涯规划方面的建议。一般来说，年轻人面临的两难困境是如何选择第一份工作（或是公司与行业）。他们对于自己的职业偏好无法笃定，也会受到各种职场环境变化的困扰。这时候，我们一般会鼓励他们采用期权的思维模式应对，无论你处于职业生涯的哪一个阶段，都需要具备期权的意识。

刚开始，当不确定性较高时，我们会让大家选择那些可以将期权数量与范围最大化的工作机会，这样未来的拓展就具备了更多的可能。同时要尽力避免那些会局限未来选择可能性的机会，这意味着你作为刚毕业的新人，应该尝试参加大型公司的管理生培训计划，这会让你在公司的不同职能部门担任多种角色，包括金融、营销、研发等岗位。通过全面的职业训练，你能有效为自己提供未来职业道路的选择期权，同时也不需要放弃其中的任意一项。

关于劣质期权的提醒

从整体上来说，我们一直都倡导将所拥有的期权最大化。在不确定性较高时，你所具备的充分灵活性是正确决策的关键因素。不过，与许多事情相同的是，这种灵活性也是有限度的。在现实中，存在许多劣质期权，它们要么是获取成本过高，要么是结构设计太复杂，拥有与行使这些期权就不是明智的选择。我们所遇到最常见的例子是旅行保险。毋庸赘言，这是一项成本高昂的投资。旅行的保险赔偿有各种特定条款的限制，即使你在旅行中出现意外，也因此获得财务上的赔偿，这也无法弥补你出行的初衷——一个平稳安静的假期体验，或是安全返回工作岗位，甚至参加管理层会议的可能性。因此，并非所有的期权都能带给你想要的灵活性。

检查列表

如何灵活运用期权

☑ 明确所需的期权类型

以投资的思维来考虑期权，这也适用于投资之外的许多情形。首先，你要明确自己寻找的期权类型。比如说：

- 确定一个价格或是场景（将价格上涨所带来的负面影响控制到最低程度）。
- 具备在未来某个时点再进行决策的能力。
- 具备在新项目无法推进时随时终止或退出的能力。

☑ 明确你为确定性与灵活性付出的代价

知晓自己需要的期权类型，这只是成功了一半。决定你为期权可能付出的代价，则是成功的另一半。这也代表你要明确对方将灵活性让渡给你的收益，比如，1 000美元就是在三天内为你保留房屋购买权的合理收益，而在你无法立即决定是否投产新的生产线时，花费100万美元在现有工厂附近购买一块待开发的土地，也是一个明智的选择。

☑ 运用成本收益分析预计总成本与期权价值

真实存在的期权，在概念上绝不仅仅只是选择权，它们是衡量这些选择权数量与价值的一种方式。一旦你创造出了自己的期权，要将这种权利明确，并标上相应的价格。

☑ 你持有的期权或保险真的物有所值吗？

在某些情况下，我们所持有的期权并非物有所值。你所购买的高价保险就是很好的例子，你为并不会出现的旺季而增加店铺的人手也不太合算。同样的道理，你不必苦苦等待一份可能永远都不会出现的更好的工作。遇到以上的情形，你可以问问自己：

- 我真的会行使这份期权吗？

- 如果我预期的事件永远也不会发生，该怎么办？

而假如事件真的发生了，我所采取的保险措施是否足够覆盖所有的损失呢？前面所讨论的旅行保险例子中，你所拿到的赔偿金可以从财务上弥补各种成本，但却无法再还给你一个错过的完美假期。从这个意义上来说，金钱上的收益可能是远远不够的。

更多案例

租房还是买房？

你一旦仔细留意寻找，很多运用到期权的情形就会出现。租房或是买房，是我们常常遇到的选择题。假设你正在寻找住所，无论是租房还是买房在经济上都不是负担。如果选择租房，你会无法拥有房屋的产权，也放弃了房

产升值可能获取的投资收益，但同时会得到对房屋不再满意时，随时搬走的灵活性——这就是我们所说的用以放弃的期权。如果进一步讨论，如果你签订按月支付的租约，虽然租金会稍微高一些，一旦情况发生变化，你可以在30天后就选择离开。

最低价格机票还是座位保证机票？

机票的定价看上去神秘而且复杂，当中也存在各种期权。通常来说，假如你购买的是最低价格的机票，基本上就意味着你失去了获得更低价格的机会的期权。当然，同时失去的是一份延迟的期权（将航班改签到另一天或另一个时段）与放弃的期权（取消预订获得全额退款）。如果你选择的是座位保证机票，这些失去的期权都会返还给你——为了这种灵活性，当然需要付出相应的代价。

对于进入航空公司常客计划的乘客，一般都能买到有座位保证的机票，只要购买了这样的机票，你在该公司的任何航班都能得到一个座位，即使航班已经满座。航空公司给予了一份保证有座的永久期权，而你付出的对价是对公司的客户忠诚度。不过，航空公司也充分考虑了你过往（同时也希望你能在未来继续）的消费记录。你可能会注意到，一旦你行使了这份期权，另一位未拥有这份期权的乘客就会失去在同一航班上的座位。

间隔年

2016年，当时美国总统奥巴马的女儿玛利亚占领了各大报纸与新闻网站的头条：白宫官方宣布她在开始大学学业之前，准备给自己放一个长假——这就是间隔年，青年人可以用这段时间环游世界，打打工或是去做志愿者。实际上，这是一份用以延迟的期权。将要入读的大学承诺在一年后再让他们办理入学手续。这种情形下，这项期权也并非单方面的——将要入学的学生在这期间可以改变主意，转而申请其他的大学，甚至是决定不再成为大学生，来行使这份免费获取的用以放弃的期权。

/////////////////////// **要点总结** ///////////////////////

　　持有在未来再进行选择的期权（并非义务）对你的意义特别大，尤其是在变化莫测的环境中，具有确定性的机会往往难以把握。期权的应用场景也非常广泛，充分理解与评估期权的价值，是对冲未知风险的一项重要技能。你的目标应该是巧妙地创建与应用期权，做出最优决策。请记住，一个真实存在的期权，一般不会免费赠予。要将未来的选择作为现在的期权充分考虑，并为每一项期权赋予相应合理的价格。

第十一章

构建激励体系：
将每个人都激励到最佳状态

只要有真正的激励，我就会让你看到实际效果！

——查理·芒格（Charlie Munger）

//////////// 这项思维策略的益处 ////////////

任何组织与关系出现功能失调的主要原因之一，就是激励机制紊乱。如果想要达成更高的目标，必须将每个人的激励措施协调一致。

在这当中需要注意的一点是：你自己的利益一定不同于其他人。别人也不会很在乎你的利益得失。在前面的章节中，我们已经充分讨论过如何辨认问题后，以有效的工具予以解决。从现在起，我们会帮助你达成更为宏大的目标，要想完成所肩负的使命，深入理解激励机制是基本任务。

//////////// 激励每个人达到最佳状态 ////////////

你的某位好友与配偶之间不和已经有好几年了，其实两人也没有经常大吵大闹，只是相处几十年后，累积了许多的不满与误解。你的朋友咨询了离婚律师，问他在这种情况下应该选择协议离婚，还是通过夫妻关系的治疗进行挽救。律师告知他虽然离婚的过程可能会很漫长，而且代价昂贵，但却是现在的最佳选择。

你正在市场上以40万美元挂牌出售自己的房子，在上市的第一个周末，你就收到了39.5万美元的买方报价。与此同时，另一位潜在买家有可能会出到41.5万美元。但正式的报价需要等上好几个星期。而房产中介强烈建议你接受第一个报价。

你作为一家大型医药公司的首席执行官，即将在半年后退休。卸任之后的薪酬水平与公司的股价表现是直接关联的。在这时，你收到了公司新药试验失败的消息。你可以立即公开披露试验结果，或者，等到6个月后离开岗位再由继任者公布。与此同时，你清楚地知道投资者（更别提医生与患者了）如果得知这个新闻，能在股市中成功避雷。你如果选择拖延公开披露的时间，这个烫手的山芋就会传到继任者手中。

以上的三种情形都是激励机制错位的案例。如果你的朋友与配偶重归于好，离婚律师不会从中得到任何好处。你的房产中介只能从交易总额中收取很小比例的佣金，所以他会建议你接受现在手上较低的报价，而不是花几个星期等待更高的出价。而对医药公司首席执行官有益的事情，不一定会给公司或投资者带来相应的利益。因此，无论你处在哪个组织或者关系当中，只需要多加留意，就会发现激励措施错位的情形存在。这些问题的本质是，错位对至少一方来说成本高昂，随着时间的推移，会逐渐降低信任、合作与团结一致达成目标的能力。

你需要找到两种主要的错位类型

有两种类型的激励措施错位的情形，会造成组织内的系统功能失调。它们分别是道德风险与委托–代理问题。[66]

道德风险

在明确知道可能带来的负面后果有限的情况下，你愿意承受多大的风险呢？要想得到答案，需要了解道德风险的存在：我们在受到保护的情况下，会为后果承担更大的风险。比如，在知道公司已经为配置的手提电脑与手机购买了保险，或是即将进行更换的情形下，即使将它们遗落在咖啡厅，你也会觉得无关紧要了。

2007年美国触发，最终引起全球金融市场震动的次贷危机，就是道德风险问题的典型范例。在对事件的反思中，我们不难发现，许多次级房贷的贷款者从一开始就知道自己无力偿还所借款项，但不管是对他们，还是对将次级贷款打包并重组成复杂的证券衍生品的各类金融机构，即使贷款无法偿还，后果也不算严重。一直以来，金融市场上的买家在给予销售次贷衍生品的金融机构不菲的财务回报。华尔街中的那些交易员所面临的风险与需要承担的后果极其有限。即使出现最坏的状况，也不过是丢掉饭碗另寻出路而已。

但从事次贷业务能给他们带来巨额的金钱回报。至于他们所销售的产品，越复杂越好，由此带来的风险以及后来席卷全球的危机，几乎与他们毫无关系——在一开始设立的激励机制中，并未包含这些内容。[67]

只要某种行为所导致的负面效果得到保护，同时可能出现享受该行为带来的潜在收益的机会，道德风险就会一直存在。

委托-代理问题

当某人或实体（代理人）能以他人的名义（委托）采取行动时，委托-代理问题就会浮出水面。一般来说，代理人应当以委托人的最佳利益为出发点来采取相应的行动，这看上去公平合理。然而在现实中，代理人通常会面临各种各样的压力，在复杂的环境中无法对委托人尽心竭力。比如，一位理财顾问在向客户推销时，该选择推荐自己公司发行的金融产品，还是建议客户购买其他更适合他们的产品呢？他选择前者的原因，是为了获取更高的佣金吗？[68]

在我们提到过的夫妻关系案例中提出离婚建议的那位律师，他的动机是不是从离婚程序中得到相应的财务回报？对于这个问题我们无法妄加揣测，可能连他自己也不一定非常明白。但是，一旦我们了解了激励措施的存在，就能做出更有效的机制设计。

设想一下，在以下场景中你需要做出自己的职业抉择：是选择进入投资银行（起薪10万美元外加奖金）还是做销售员（起薪6万美元外加奖金）

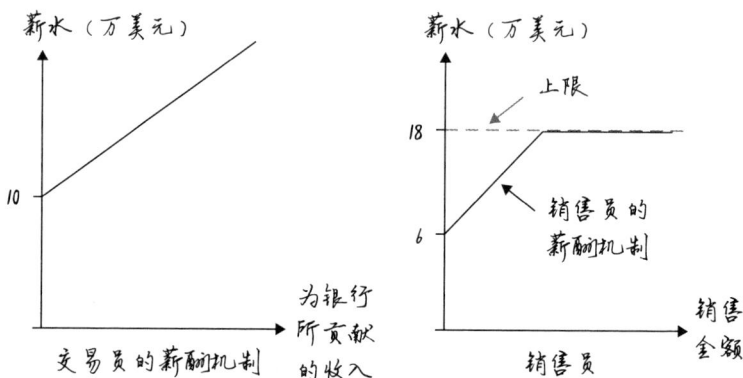

显而易见，进入投资银行对你来说更具吸引力。毕竟，你的起薪会高4万美元。再来看看奖金的部分（某些机构中也称为绩效薪酬），销售员的奖金会有封顶，他们无法拿到高于起薪两倍以上的奖金，同时获得的佣金也是在最终的销售利润中以一定比例来提取。这样的设置会对整体效率带来负面影响。例如，作为能力超群的销售明星，你在9月份就已经拿到了12万美元的奖金，这意味着在剩下的最后一个季度，只会为了全勤的底薪工作，不会再如往常那样，积极地推销产品，或是开发新客户。对你来说，完成下一单业务的动力肯定大不如前。

而如果选择进入投资银行，你只要待在岗位上，10万美元的起薪就能到手。但奖金不设封顶，完全根据你的业绩表现与公司整体效益情况浮动。更糟糕的是，从激励机制的角度观察，你所获的奖金中，其实有一部分会受到宏观经济因素的影响，甚至也与你的运气息息相关。在这个案例中，你作为投资银行人士，会愿意承担更大的风险——在激励体系的设计中，潜在的损失要远远小于可能获得的利益。最坏的情形，也不过是拿不到奖金，这是小概率事件，即使发生也不算很差，毕竟有10万美元的底薪在手了。

从整体而言，金融体系会更倾向于保持平衡与稳定：市场中的机构进行合理与长期投资，资本平稳与有效率地流动。这其中的参与者的激励措施设置与这个目标却背道而驰。事实上，短期的业绩表与中长期的持续稳定之间，会存在一定的激励措施的错位。这也被许多研究者认为是造成2008—2009年金融危机的原因之一。这种预先支付大量费用的打包重组的投资方式，最终会带来长期损失，因此衍生出了一个新名词——IBGYBG（I'll be gone, you'll be gone；我可以脱身，你也可以脱身）。

############ 设置合理的激励机制 ////////////

我们在本书中一直倡导的理念是，在面临挑战时，书中所介绍的思维策略能帮助读者有效应对。接下来，我们将设置合理的激励机制的步骤一一阐述如下。

激励措施	何时运用	应用范例
财务上的激励（比如与业绩挂钩的结构化奖金）	当预期的结果可以准确计量，并与激励数额的大小直接关联。同时采取行动的内在驱动力有限（人们不会免费来做这件事）	电话销售
财务上的惩罚（比如对业绩不达标者罚款）	当预期的结果可以准确计量，并与惩罚数额的大小直接关联。具备很强的避险动机，在惩罚实施之后很难出现反噬的风险，惩罚手段能被公众普遍接受	在工厂中维持安全行为规范 在每次违规行为被记录后，扣罚团队的奖金
非物质激励（比如电子游戏中的积分）	当预期的结果不能准确计量，并与设置的积分计划直接关联。同时实施财务激励的成本太高或不适合在社会上推广	健身计划目标挑战和在线学习课程计划 捐赠与赞助层面

续表

激励措施	何时运用	应用范例
社交证明（比如社会褒奖与认可）	当预期的结果很难准确计量，无法与任何财务激励直接关联。同时缺乏采取行动的内在驱动力（不被认可的情况下，人们很难采取行动）	参与职业之外的活动（组织假期聚会等）
社会身份的一致性（比如将预期行为与个人的自我实现相关联）	当预期的结果很难准确计量，无法与任何财务激励直接关联。采取行动的内在驱动力非常强烈（即使得不到认可，人们也会免费采取行动）	培训与指导年轻员工

/////////////// 检查列表 ///////////////

如何构建激励体系

☑ **分析每个个体的激励措施，找出潜在的激励错位**

促使人们达成目标的动力是什么？这一系列的激励措施是否与目标一致？让每一个人在群体行为中更为投入的方式有哪些？

☑ 从避险的行为中获得利益

人类对于潜在风险所带来的损失的可能性会更加敏感。[69] 例如，你可以这样设置团队的业绩奖励计划：在每年的1月1日就拿到全额奖金，接下来的时间里如果出现客户流失，或是业绩不达预期，会在奖金中进行相应的扣除。

☑ 辨别出不同选项，重复利用资源

例如，员工的收入比例与业绩进行挂钩（产品顺利送达客户手中）。你会使用哪些业绩考核指标？如何有效避免激励措施的错位？

古德哈特定律

在我们对所处的环境进行评估后，许多激励措施可以被重新设计。但是，是否也会遇到另一类情况，不管你所设计的激励体系目标有多明确，但它的实际效果与你的初衷却南辕北辙。

在英格兰银行任职过的古德哈特提出了与其同名的"古德哈特定律"，它所指的是当一项措施的结果完全背离了设计初衷，评估手段就会失效。或者，用他自己的话来说：一项指标一旦成为政策制定的依据，就会立即失去它的效力。[70]

将毒蛇赶出印度

历史上发生过一个经典的案例：在殖民地时期英国如何尝试将毒蛇驱赶出印度。当时，眼镜蛇在印度各地泛滥成灾，主要城市也是如此。英国统治当局为此很头痛，为了快速消灭眼镜蛇，他们提出了一项看上去立即会奏效的措施——悬赏。印度居民每向政府上交一条死蛇，就能得到相应的奖金。从表面上来看，这项措施合情合理：不仅将出现的问题摆在大家面前共同承担，并提供了解决问题的激励手段。为了拿到奖金，你需要提供相应的证据（在这个案例中，就是一些被消灭的眼镜蛇），来展示所预期的改变已经发生。

而这个案例如同我们提到过的其他例子一样，激励措施实施之后的效果，与设置激励体系的初衷背道而驰。最终，印度境内的眼镜蛇反而越来越多。

为什么会出现这样的情形呢？人们对于结果（上交眼镜蛇尸体）与激励手段（得到奖金）的反应是改变输入方式——英国政府统治下的印度居民开始养殖眼镜蛇，上交给政府之后能得到更多的奖金。这完全违背了政策设立的本意。在意识到所颁布政策带来的反面效果后，英国当局立即终止了政策的实施。但即使在这种情况下，激励体系继续在发生错位：问题的输入是眼镜蛇过多，上交死

蛇后，达成的一致的预期结果却是更多的眼镜蛇泛滥，随之出现激励措施的改变（不再进行悬赏），印度居民立即停止繁育眼镜蛇，并将它们放入自然环境中，这让最初的问题越发严重。

到现在为止，你也许会在所处的组织或团队中遇到相似的问题，也明白问题发生的原因，以下的情形会不停出现：比如你要求所有员工在下午5：30之前必须待在岗位上，但员工却在上班时间上网为宠物挑选万圣节的装扮；或者你为每一位销售开发新客户设置丰厚的激励措施，但却忘了对销售在新客户完成第一笔订单后的业务情况进行激励。

//////// 合理的激励措施为什么失效？ ////////

这是令许多人感到困惑而且失望的一点。当我们感觉到没有希望的时候，甚至想宣告所有的激励措施都无法产生效果，再多做考量只会让情况变得更糟。正如同上述的眼镜蛇一样，到处乱窜。这时候你该做什么？至少有一件事情是绝对需要尝试一番的：在复杂的世界中，认真地去审视人类的行为方式，从而去真正理解人们采取行动背后的动力。

比萨、现金与短信

在开始采取行动前，我们将目光从英国统治下的印度转移到现实中一家位于以色列的半导体工厂中来。丹·艾瑞里（Dan Ariely）是一位知名的行为经济学家，他执教于美国杜克大学（他领导的实验室的名字是我迄今为止见过最棒的：高级后见之明研究中心）。当下存在的一个现实问题，是全世界的企业家们都在致力于寻求激励生产线上工人的有效方式：如何让他们提高效率，在同样的时间内制造出更多的产品。

丹主导了一项研究，在研究中他将工厂的流水线工人们分成了四个群组：[71]

- 对照组（接下来会有更多讨论）——他们埋头努力工作。

- 在完成了目标任务后发放比萨券的群组，所基于的假设是他们会因免费的食物深受鼓舞。

- 达到某项目标绩效后得到现金的群组。

- 完成当日目标任务后，会收到主管发来的祝贺短信（比如说"非常棒"或"非常好"）的群组。

请思考片刻，然后做出你的判断：以上哪个群组的生产效率会提升呢？哪个群组的生产效率提升得更多呢？我相信，多数人会认为第三组的效果最明显。人们对于货币化激励措施的接受程度更高，当然这样一来工厂的整体产量会提升，这是激励兑现的前提假设。发放免费的比萨券也许会起到一点作用（工人们拿到免费的比萨后，不用再花钱去买午餐）。但是，这比现金激励的效果会稍差一些，因为不是每个人都爱吃比萨，而且每天吃同样的食物的话，总有一天会感到厌烦。

现在到揭晓实验的结果的时候了。第一天，比萨是最有效的激励手段（看样子我们都愿意接受免费的午餐）。尽管如此，一周后最佳的激励措施变成了来自主管的祝贺短信，它竟然击败了比萨与现金。

这个研究实验是经过精心设计的，[72] 第一，它揭示了人类是强大的社会动物的本质：我们会深深受到他人反馈的影响，而正面的回应会让我们拿出更好的表现。第二，在雇佣关系中，或者在流水生产线上，激励效果与冷冰冰的现金，甚至是直接的数据并不会产生直接关系，反而，单纯的赞扬与认可会起到更好的激励效果。第三，我们有时会陷入某个思维陷阱：激励措施与实际的鼓舞效果应该是一个零和博弈——它们涉及了资源的转移（多数时候是货币），通常也是从雇主向员工的转移。

我们在构架与实施组织中的激励体系上，投入了太多的时间和精力，也常常为此感到焦虑。我们也一直坚信，存在以最小的激励成本来达成最大的效果的可能，合理的激励措施，一定会提升整体的生产效率。丹的研究表明，有效的激励手段（在这个案例中是表扬短信）可以是完全免费，或是能以极低成本获取的。同时，类似的褒奖能长期持续使用并产生效果：

- 企业所有者拥有了一项确保管理层关注整体绩效表现的激励手段，同时也能将创造绩效的成本控制到最低。

- 企业管理层会被所有者推动，关注激励手段带来的实际实施效果，也会准确辨识与褒奖表现优异的员工。

- 企业的员工获得了向管理层展示其稳定达成业绩目标的机会，并且他们的情感诉求也得到了对方的认同与肯定。

检查列表

如何将合理的激励措施转化为优势

☑ 今天就发出表扬短信

这是我们最容易实施的策略之一，而且效果明显。

这只要拿起手机（我们知道就在你的手边），给别人发一条赞扬的短信，就像我们看到的一样，短信的内容不需要太复杂，细节也不用太多，可以试试"你为公司带来的一切，我觉得意义非凡"，"我只想让你知道，对于你做出的贡献我们深表谢意"，或是仅仅是简单的一句"为你所做的一切，我表示感谢"。

☑ 养成习惯

在你的备忘录中做个标记，每天对一个人表达你的赞赏。或许你在一个小的团队当中，会担心频繁的表扬会带来情绪上的疲惫，其实不必在意，要记住丹在工厂中所做的实验，这些短信一直会起效果。

☑ 训练你的团队

我们强烈建议你每年要训练所有的管理层来做这件事情，其实只需要短短的一个小时。要让所有的管理者都明白，给予明确、真诚与持续的赞扬能达到的实际效果。你会花一个小时坐下来与团队一同完成训练吗？你会将这个培训方案递交到公司的高层来实施吗？

///////// 对于外部激励的最后提示 /////////

假如上述眼镜蛇与比萨的案例都无法让你真正信服，我们会用这最后的时间，对运用相关的措施创造出外部的激励效果做出最后的提示。顾名思义，外部的动力会由存在于个体之外的激励来驱动：金钱和声誉就是两个直接的方式。而存在于内部的动力是从组织内产生，由此所做出的各种举动，是因为在本能上能带给个人满足感。内部驱动所产生的行为与外人的感受无关，所以更容易执行。而个人会从本能上深受鼓舞，当然，这些行为有时也会很复杂（帮助他人、在困境中坚持或是完成艰巨的任务）。

利用额外的外部激励来进行驱动是企业领导者常用的管理举措。当你在亟须达成目标时，这些手段就显得格外重要："我们需要更多的资深管理者来指导初级的女员工"或是"必须配备足够的人手，花更多的时间在运行软件的进阶测试上"。我们更倾向于理解他人的内部驱动力，很少会假设他们应对挑战会付出相应代价。确实，就如同我们自己，所有人都会依赖于内部的本能与渴望来达成更高的目标，或是完成挑战本身就是一个充满乐趣的过程，在这当中，还会存在合作与其他正面积极的关系驱动。[73]

事实上，Meta分析（学术综合分析的一种类型，指的是研究者对具备特定条件的同一课题研究结果进行综合并寻求实证）对此提出了反对意见。心理学家爱德华·L. 德西（Edward L. Deci）与两位同事对128项研究进行综合分析后，指出了以下几点：[74]

- 货币激励手段在某种程度上会破坏达成目标的内在驱动力（特别是能获得个人满足感的事情，比如说完成一个特别难拼的拼图游戏，或是给他人提出建议），这被称为"挤出效应"。

- 这一类挤出效应在完成复杂的认知任务时最为明显，这类任务常常会耗费大量的脑力，但极具挑战性与吸引力。

- 具备象征性的激励手段（比如说礼物或公司荣誉奖项）不会产生与货币激励相同的挤出效应，实际上，这可能会提升个人的内部驱动力。

- 当外部激励手段的效果非常显著时，挤出效应就会达到最高水平（比如巨额的年终奖金）。这被认为是一种控制行为，这项任务需要以指定的特定方式来完成，或者与最后期限、监督与威胁有关。

////////////////////////////　**要点总结**　////////////////////////////

激励手段是用来驱动个体达成目标的有效工具，在我们所处的世界里，激励体系错位是产生冲突与效率下降的主要原因之一，这需要你提前对预期的结果进行分析，做好相关的输入与激励体系的设计，以达到理想的效果。同时，能避免一些常见的风险：比如道德风险与委托-代理问题。对于无效的激励措施要给予充分关注，请记住，内部激励措施在长期内能帮助你改善业绩表现。

第十二章

创造未来：
预判、执行与提升

所有的想象在付诸执行之前，都只是空想。

——查理·卓别林手稿

/////////// **这项思维策略的益处** ///////////

如果不能有效地付诸实施，到目前为止你所有的努力都是徒劳。这一项思维策略——计划、构架与执行，会帮助你将设想一一达成现实。

我们希望这些指导会在以下情形发挥作用：

- 在新开始的一年（或是新的一月，或一天）设定自己的目标。

- 开始一个新的项目。

- 为团队创立共同的目标。

- 尝试将一个项目拉回正轨。

- 反思一个已经完成的项目或目标。

/////////// **预判、执行与提升** ///////////

每一年，世界上许多国家的成年人都必须完成个人的纳税申报，这件事不算太难，但却很烦琐，必须在规定的期限内完成，而且会一年年地循环往复。你一定以为大家对此都习以为常，并对完成这项任务的时间有基本概念，其实你错了，有研究表明，每一位纳税人实际花费在纳税申报上的时间会比预计的多出一个星期。并不是纳税人忘记了去年是如何完成这项任务的，他们对此其实心里有数，只不过是过于乐观的预期与现实的差距造成了时间的增加。这只是执行失效的众多例子之一，很多事情都是如此，即使我们明确知道应该怎么做，也明白完成任务的时间期限。在实际中总无法按既定的要求予以执行。当然，这当中也存在计划失误，我们在过程中或多或少会受到思维偏差的影响。

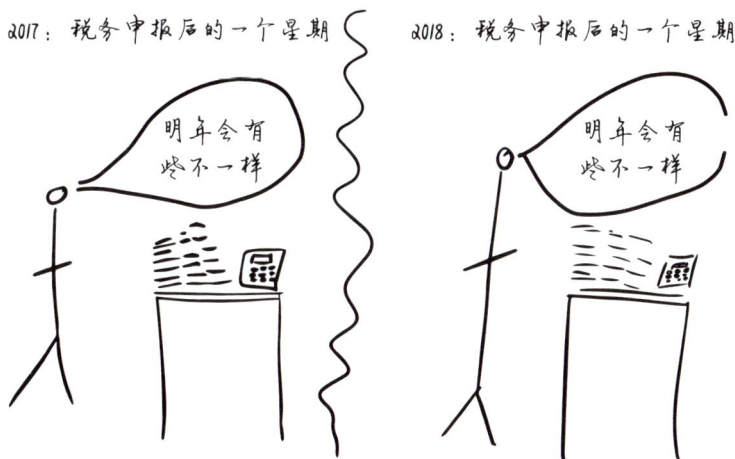

＼＼＼＼＼＼＼＼＼＼　一步步去实现　＼＼＼＼＼＼＼＼＼＼

我们已经充分讨论了如何设计激励体系，这保证了所有参与者都朝同一个方向努力。在早一点的论述中，我们阐述了运用灵活与实验性的方法来验证自己所持有的观念，并测试各种做出的假设，现在，我们会介绍几种不同的工具，用于将理念付诸实践，实现更为宏大的目标。

接下来的内容可能与前面有所不同，我们希望在这个阶段，你应该已经对我们所分享的工具倍感鼓舞，并已经开始在工作与生活中加以应用。在此我们将要分享一些经过自己与同事反复验证，且对于催生变化行之有效的一系列技巧与方法。你可以将它们与前面所熟悉的工具结合运用，这些组合形成的力量，可以打造出我们所谓的"提升闭环"。

- 行动准备：为改变的发生做好准备，提前避免计划中的谬误，做出有效的前期投入，辨识出行动的关键路径。

- 行动实施：全力以赴，令改变发生。

- 行动总结：对整个行动过程进行回顾与总结，下次可以做出更好的安排与落实。

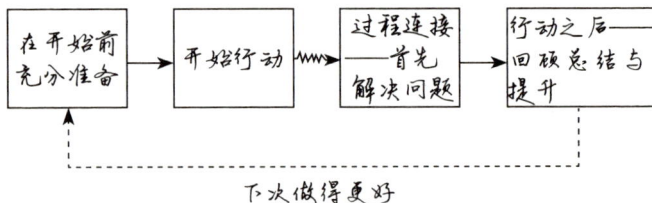

行动准备：为行动实施做好安排

我们为改变所做出的努力，大多数都付之东流。对个人的尝试来说这很正常，比如说自己立下的新年决心。在较大的组织内要准备进行较大规模的变革时，可能遭遇失败的原因就会有很多，分析起来也比较复杂，但当中一个最常见的因素就是准备不足。事实上，充分的准备工作可以有效提升成功的概率，当然，也有许多工具与计划书能帮你完成这一点，而你翻看手中这本书时，已经系统掌握了所论述的方法与技巧，在实际运用中也行之有效。我们在这里想为你提供其他一些不为人熟知的理念，希望这些思维方式能被更多读者所认识并了解。

开展与执行一项成功计划的第一个步骤，是要记住不能盲目乐观。在这当中，我们会遇到规划谬误，这指的是对自己做出改变的能力过于自信，同时也对完成改变发生的速度预期过高。这也能解释我们在新年伊始，就下定决心要在2月14日情人节之前减重5千克，或者信誓旦旦地表态能在一周之内，完成新产品的研发。我们其实或多或少都喜欢规划谬误，这充分反映了存在我们当中的人类的乐天主义。但往往我们也被它拖了后腿，每次都会在最后期限时无法交付，或是项目严重超出预算。这些后果都会带给你失望与挫败的感觉，回想一下我们提到的个人税务申报，你会感同身受。接下来要问的是，你能做些什么来清除规划谬误造成的障碍呢？

你可以试试过度补偿：在充分预计完成所需要的时间后，再加上一个（很大）的缓冲时间。自1979年阿莫斯·特沃斯基与丹尼尔·卡尼曼首次发现规划谬误以来，[75] 研究认为这个谬误基本上无法有效规避，类似的情形会重复出现，因此，如果你预计要花上一个星期完成新兴市场的研究设计，实际一点的选择是将规划的时间加倍。

理解关键路径，进行可视化展示

最具有价值的执行工具之一，就是深入理解项目的关键路径。一个项目通常是由数个不同的行动单元所组成，在其中许多行动在同时运行。这也能更高效地推动项目进展。为了保证项目能在规划期限内完成，理解关键路径就至关重要，想要做到这一点，首先你得列出项目的要素与步骤：

- 完成项目所需的所有要素内容。
- 完成所有要素的顺序。
- 预计完成每一项内容所需要的时间，当中包括等待的时间。

怎样找到关键路径呢？其实就是那条需要耗费最长时间完成

任务的（平行）路径。如果你想建造一座房屋，关键路径如下图
所示：

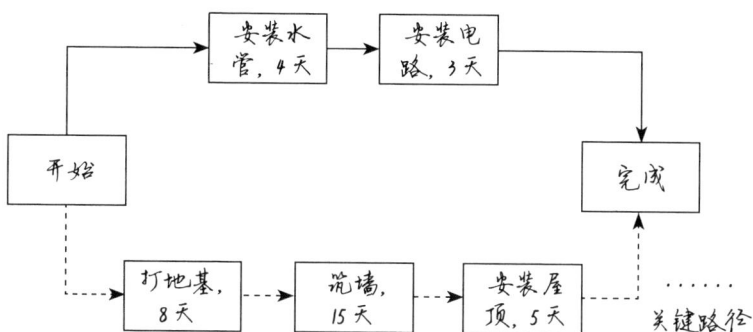

在图中你会看得很清楚，完成任务所花费时间最长的过程，就
是关键路径。它可以让你预计从开始到结束完成整个项目所需要的
时间（在这个例子中一共是28天），在这个路径中，你可以将行动
单元按优先等级进行排列。

在这当中，你需要尽早开始耗时最长的行动单元，它们可能需
要更长的时间来安排与协调，即便是实际耗费的时间没有预期的那
样长，也要将它们优先解决掉。这样你才能把控项目的时间进度，
避免出现整体项目的拖延。从建造房屋来说，你首先应该提前与土
木工程师电话沟通，这样他们可以更早开始准备地基部分的工作。
但你如果最早联系的是水管工或者电工，这基本就起不到什么作

用：这些行动单元并不处在关键路径中，将它们搁置，甚至延后都不会对整体项目进度产生影响。

采取行动：事前验尸

你已经设计好了关键路径，并安排好各种资源与职责的分配，此时此刻，你来到了项目启动的前夜。接下来怎么做？你下一步需要考虑的是：失败！当然，区分我们项目成与败的最关键因素，是对于可能出现的错误投入近乎偏执的关注（同理，这也是辨别你身边最成功的同事与那些表现平庸的人的特质）。这与项目的规模和重要性无关，我们会鼓励你从手上最小的项目开始进行事前验尸，这是一项对于可能导致失败的各项因素的系统工作。

要想做好事前验尸，需要用到以下的问题列表，来对未来几个月中可能出错的因素进行预测：

- 哪个部分出现了问题？
- 项目出错的第一个警示信号是什么？
- 项目出错的第二个警示信号是什么？
- 谁曾经试着提醒过我们？
- 为什么我们错过了这些信号？是太过于忙碌疏忽了，还是过于乐观，还是压力过大？

以上提出的问题会很有帮助，但是，如同在本书的第一部分中所提到的，我们通常对自己所持有的理念过于信任，很容易就会出现认知的偏差，因此，更好的方式是让某位朋友或是外部顾问来完成以上的问题列表，其实，在你公司中负责其他业务板块的某一位团队负责人也能胜任。

计划管理

要理清楚自己该做什么，这可以通过规划项目的关键路径来实现。但有的时候你需要更多的协助确保任务的完成，我们发现将行动者与记录者两个角色区分开，是一个很有效的方法。项目的每一步都很重要，创建项目管理办公室（PMO）来统一运行筹划自然就很有必要。在我们已经分享过的很多理念与方法当中，这件事情显得不那么突出，其实它非常关键。在运行过程中，项目管理办公室不仅可以明确记录跟踪项目的投入与进度，同时能以客观的视角来分析整体的表现，提出改进与提升的相关建议。基本上，一个项目办公室的工作是能够在任何时候回答以下三个问题：

- 我们是否达到了计划目标？换句话说，今天的目标任务是否按时完成，在设定的时间节点是否能够按时完成？
- 我们是否合理运用资源？换句话说，我们的项目开支是否控制在预算范围之内？

● 接下来会发生什么？是否会碰到障碍，对项目造成影响或伤害？我们要注意的风险点在哪里？

需要提醒的一点是，一般项目管理办公室不负责任何在项目规划中的具体内容单元，这其实也是它存在的基础。正是因为它不是项目的具体执行者，才能对项目进行独立与可靠的评估。在大型的组织机构或者重大项目中，你可能会发现项目管理办公室的人员组成相对复杂，不仅有行业分析师与变革管理方面的专家，也会有许多财务与会计专业人士。当然，一般的项目并不需要这样的配置，以免人满为患。

一个项目管理办公室，可以精简到只有一个人，甚至是一个兼职的岗位。最重要的是，这必须是一位诚实可信，并且能完整客观描述事实的专业人士。他还需要具备收集数据，并能回答以上的三个问题。这是我们的记录者关于本书前两部分的一个简单版本。

章节	进度更新	下一步行动	下一步行动截止时间	距下一步截止时间剩余天数	责任人
〇	完成第二稿	进行最终编辑	10月1日	+11	西蒙
一	前期研究完成	准备初步大纲	9月15日	-5（逾期）	朱莉娅
二	完成初步大纲	准备第一稿	9月25日	+5	朱莉娅
三	完成最终编辑	时间未定：准备出版	未定	—	西蒙
四	完成第一稿	准备第二稿	9月30日	+10	朱莉娅
五	完成初步大纲	准备第一稿	10月17日	+26	西蒙

　　从上述案例你可以看到，项目管理办公室并不是简简单单的一个人，而是一项行之有效的工具。西蒙与我在时刻监控着对方的工作，以确保所有正在推进的任务都互相可见，在短短的一页纸上，我们能立即发现哪一部分内容已经完成（第三章），目前全局的状态与下一步工作的内容。与此同时，我们会关注工作进度不达预期（第一章）与已经接近截止日期的内容，接下来需要投入更多精力来确保按时完成（第二章）。

留一些反思的空间

在你或团队将行动计划设置妥当后，就会开始得到稳定持续而且可预计的结果，你千万不要认为已经大功告成了。真正高效的决策者与问题解决专家不会在这时就开始乐观，他们总是会多想一步。

回顾：规范的决策过程

如同在本书开始就提到的，在做出任何决策之前，要进行有效的数据分析，这是一个非常好的起点。你对分析的质量逐渐提升抱有充分的预期，确保接下来的事件按部就班发展的方法，是首先将决策中所采取的原则，对应地运用到整个过程的分析当中去。没有人能全程掌控事情的发展，同样也没有任何一位决策者能做到无所不知，每次都正确抉择。因此，对于决策的反思与审计，可以帮你系统地回顾整个过程，分析当中的成功与失败，寻找出每一个事件背后的逻辑。如同马西娅·卜伦科（Marcia Blenko）与同事在《哈佛商业评论》中所提出的："到最后，一家公司的价值只是它所做出的决策与执行的总和。"[76]

重大决策的审计：发病率与死亡率分析会

许多时候，医生们需要做出性命攸关的决策。面对每一个新的病例，一连串的问题会冒出来：该向病人询问哪些内容？该相信哪些回答？需要做的医疗检查有哪些？该推荐怎样的治疗流程？建议病人入院还是居家治疗？在什么情况下，或是否该向其他专科医生询诊？如何做出最终诊断？类似的问题，还会反复出现。

与我们一样，医生也是人，但他们一旦做出错误的决策，后果会严重得多。每当有医疗诊断错误发生后，医疗专业人士就会聚集在一起，做出针对性的回顾与反思，这套机制就是我们所谓的发病率与死亡率分析会。在会议中，大家对于特定案例中的病患出现的不良反应与治疗效果，一一进行充分讨论分析，尝试从中得出经验与教训。这一类会议在大型的教学式医院中变得越来越盛行。

维奈·普拉萨德博士（Vinay Prasad）在专业期刊《英国医学杂志》中对发病率与死亡率分析会做出了如下描述："从哲学的角度思考，这项会议可以被理解为所有医生面临的一个永恒的问题：虽然我已竭尽全力，但还是无力回天，我究竟要怎么做，才能改变整个结果呢？"[77]

这也是在其他领域的决策审计需要达成的目标，决策的影响越是攸关，做出反思与总结就显得越重要。有意思的是，无论决策的影响的大小，我们发现这项程序对于所有决策都能产生效果。

即使你并非身处在手术室或是急诊科，对于决策的审计都可以成为你项目实施中的强有力的举措。一项关于呼叫中心的研究结果表明：在日常的培训中，每天花费15分钟时间进行工作回顾，并书面记录每天的心得的员工，在工作中的表现会比未做出上述举动的同事高出23%。促进你做出更加正确决策的关键措施，就是从过往的决策经验中充分总结与提高。[78]

让决策审计为你服务

每一天，我们中的大多数人都不需要做出所谓的生死抉择。但所有的决策无论大小，都会带来相应的后果——作为决策者身上所担负的责任，可能是他人的经济利益，或是项目最终的成果，可能也会牵涉团队的整体业绩表现。因此，在执行决策审计中，我们建议采用以下检查列表。

检查列表

如何反思做出的决策

☑ **我们现在是否还会做出与当时相同的决定？**

如果是的话，为什么？

☑ **如果不会，造成决策差异的特定因素是什么？**

- 成本是否远远超出预期，而所预计获得的收益不能实现？

- 怎样才能在最初决策时，及时发现这些可能影响结果的变量并充分考量？（"为避免成本超支，我们应该在最开始就向关键的交易方要求锁定报价"，或是，"这些变化是完全无法预计的——2019年的丧尸爆发给我们城市的餐饮业造成了很大损失"。）

☑ **是否存在其他人在相同情况下做出同样的决策？**

他们最终的结果是怎样？

☑ **基于现有的决策，我们能对决策分析做出怎样改变？**

例如，"在未来对产品进行价格设置时，我们应该采取区间定价，而不是对每一项制定标价"。

☑ **基于现有的决策，我们应该对决策的程序做出怎样的改变？**

例如，"我们将经常性地向董事会提交不做选择的决策选项"或者是"与其投资在老式的打字机上，我们不如将钱存在银行里"。

☑ **我们能做到开放与透明吗？**

特别是在决策审计结果不尽如人意的情况下，保持开放透明，分享分析结果就显得尤为重要。尽管会有些令人不快，但这是整个组织学习提升的必经过程。

要点总结

越是重要的目标，就越难以轻易达成。但如果你能提早规划，关注行动过程的每一步，做好决策的反思与回顾，面对再重大繁复的项目，你也会得心应手。规划与执行是可以通过学习与训练获取的技能，长期持续的练习会带来稳定的提升。无论是团队、个人还是群体，都可以通过有效规划、执行与反思来提高成功的概率。可以运用的工具包括但不限于关键路径的识别、事前验尸与决策审计。

第十三章

结论：
我们要去哪里？

第一项原则是你必须拥有多个模型。如果你只有一到两个可用模型的话，人类心理的本能会令你扭曲现实，以适应自己的模型。

同样的道理，这些模型必须来自不同的学科，因为世界上所有的智慧，不会只囿于一个小小的学术类别中。

——查理·芒格[79]

//////////////// **我们要去哪里？** ////////////////

我们俩人从2014年起启动《思维导图高效决策法》项目，在这一年里，谷歌收购了深思科技（DeepMind），这是一家世界顶尖的人工智能公司。在两年之后，深思科技的计算机击败了当时的围棋世界冠军，在当年的美国总统大选中，众多的社交媒体科技平台扮演了关键角色，在争议声中，影响放大到左右最终的选举结果的地步。

最近的几十年间，我们生活与工作的环境发生了剧变。追溯到100年前，即使你身处富足的社会环境中，你拥有的选择也极其有限，你的理想雇主屈指可数，也很难去距离更远的异地工作，能替你省力的科技手段也在最基本的水平。大多数人都选择与在同一城市或地区的异性结为配偶。[80]

来到20世纪末与新世纪交替的时期，一切与之前截然不同：我们面对无数的选择，难题成了如何在纷繁的可能性中形成最优的决策。进入任何一家高级购物中心，你会被扑面而来的众多名牌震撼。我们熟知的线上购物中心亚马逊，库存商品超过了5亿件。一位受过良好教育的年轻职业人士，只要他行动方便，可以选择大型的跨国公司或机构工作，能与远在千里之外的对象组建家庭。在这当中需要面对各种挑战，需要拥有多样化的工具缩小选择的范围，并聚焦最有用的那些选项。

//////////////// # 算法决策的时代 ////////////////

　　如今，计算机算法与数据系统无处不在，它们在帮助我们做出正确选择。为更好地达到目的，它们运用了不同的手段，但主要还是通过分析我们过去的行为方式，并依据已公开的类似群体的偏好来计算出各种推荐选项。我们都在用点评网站猫途鹰来选择餐馆与旅店，根据身边好友的推荐与使用经验来做出同样的决定，这不是什么新鲜事。但网站根据算法将海量信息分门别类（用以评价或推荐）后进行分享，因此，虽然在理论上我们的选择空间很大，可最终还是会预订排在点评网站推荐榜最顶端的餐馆与酒店。

　　不久的将来，世界会被计算机算法所统治，它不仅可以精准预测我们需要什么，在想什么，还能判断我们的选择偏好与接下来采取的行动。算法所收集的数据越多，所做出的预测准确度就越高。这并不是科幻小说中描述的情节，在未来的某一天，算法会明白按下我们思维（情绪）的哪一个按钮，我们就会相信、想要或去做某事。对算法自身来说，这并不一定是一件坏事，毕竟，因为它所具有的优点与便利，我们才会选择相信与运用算法。面对纷繁的选项，它不仅减轻了我们做出决策的负担，提供了合理的方案，或者是提供了某些我们真正需要的信息，同时它也不需要做得过于完美，只要比我们自己所能完成的好一些就可以了。比如说，谷歌地图的导航也会时不时将我们带到死胡同里，你得靠自己看地图绕回正路。总的来说，在多数情况下导航还是会选择最快最省时的路线，长此累计，会为我们节省数小时、数天甚至于几个月的时间。

回顾前面章节我们讨论的设置合理激励体系。其实想要发现激励措施的错位并不难，从企业主的角度来看，计算机算法是达成目标的有效工具，比如说提供服务或是设法让用户在网站上停留更长时间，这样就能充分向其展示分类广告。在解决这类设定的目标时，比如利润最大化，算法就会提供一些建议：密集散布精心设计的、能激起愤慨和偏激情绪的新闻，如果我们的思维足够开放，会兼听双方的意见之后做出平衡，以上的做法导致的结果会与我们原本设定的目标背道而驰。因此，对算法的依赖，反而会令我们陷入它的操控之中。

我们越频繁运用智能系统，产生与收集的数据就会越多。在数据足够充分的前提下，算法模型会变得更为出色，它所拥有的能力越大，所能完成的事情就越多。因此，我们赋予算法决策的权力就会相应地增加，这恰恰就是问题所在。当我们陷入算法之中，就会放弃一部分自主的权力，随着时间推移，会越来越依赖算法。在科技巨头面前，我们日益显得脆弱与渺小，这是大数据的效力，对于大规模信息的有效集中，我们无法退出或切换。谷歌地图在选择最优驾驶路线时，始终会优于普通的出租车司机。我们将选择权对算法拱手相让，包括很多事关重大的选择——该阅读什么内容，选择与谁约会，或是该投票给哪位候选人。

在这里，我们特别指出了科技发展所带来的一些可以预见的风险，由此所衍生出的一系列问题也得直接面对：过度的技术依赖，信息安全，偏见，缺乏透明度或是"黑匣子"。还没有提到的是算法带给我们的巨大福利，比如搜索引擎技术带来的物流发展，或是医疗健康领域的各种便捷。以上的各种成就值得褒扬与称赞，但并不能消除潜在的风险。

这本书中所展示与介绍的思维策略，不仅能作为高效的工具加以运用，同时也是反思我们的预期、理念与偏见的系统性方法。以元视图（meta view）进行观察思考，是我们防御算法攻击的一个不错的对策。[81] 来到决策的最后一步（在自主系统中，这被称为人机共生），就算我们已经将事实上的权威向机器拱手相让，仍然存在超越算法而做出建议的可能性，但是我们常常不会选择这样做。

计算机算法是我们思考与决策所面对的严峻竞争对手，个人自主的思维体系作为有效的检查与纠正工具，能帮助你保持独立与思辨的思维习惯。

探寻疆域中的地图

你现在可以明显感觉到，思维策略能针对性地解释现实世界的某些部分，也是协助我们做出更好的选择，推动事件向预期结果发展的决策框架。它们是你尝试描述现实疆域中的地图工具。[82] 我们都知道，一位远航者需要地图来确定目前所处的具体位置。在当中他会用到各种导航工具：航位推算（导航方法之一，用地图上已知的位置来计算当前的位置），或是地标三角定位（山峰、港口与地面建筑等地标）。地图可以算是一个现实的简化复制版本，用以模拟目前所在的位置。你也在不断地将自己所观测到的现实与地图做出对比。

地图必须要简单易用，不用着重强调与特定决策环境并不相关的数据（包括观察到的现象与证据），比如许多航海图中并不标注海拔数据，相反地，地图会将我们的注意力转移到更具有相关性的数据如海水深度上面去。特别是在个体的时间与注意力资源已经越来越稀缺的情况下，这一点很有必要。因为无论是重新创建，还是检索（阅读/运行）复杂的地图，都已经成为耗时费力且成本昂贵的行为。

反思现有的模型组合

我们所有人都已经打磨出一套日常运用中熟练且有效的思维策略，这些策略也许比较简单，当中有些甚至会琐碎到不值一提。举个例子，你习惯将频繁使用的物品如钢笔放在抽屉的前面，很少用到的文件如发票等放在抽屉的里面一点。另一些策略会稍微复杂且难以捉摸与掌握，比如人类行为的模型，或是对自我身份的认知。让我们来考察一下这样的观念：人类基本上都是自私自利的，而且做任何事情，就算看上去是无私行为的背后都是个人的利益在驱动。如果这就是你疆域中的地图，你会习惯于从他人的个人动机、利益与得失角度，来观察与考量他们的行为举止。

必须充分认识你现有的一系列地图，关键是要经常自觉分析与反思，它们是否仍然可以应对真实世界中的疆域。在使用地图时，你是否能精确预测将要发生什么？以我们上述提及的远航者为例，你发现的真实存在的岛屿在航海地图有过记录吗？如果没有记录，你是否对手上的地图失去信心，转而将其丢弃，寻找更好的替代品？或者，你只是将地图加以调整。以上只是你运用思维策略解决问题的场景之一，你需要反复测试，然后诚实地面对自己：什么时候需要调整思维策略？什么时候需要放弃现有的策略，来寻找更有效果的替代策略？

/////////////// **本书思维策略总结** ///////////////

　　我们尽可能地为读者提供思维策略的"最佳选择",同时也衷心希望这些策略能为你的工作与生活带来具有价值的捷径。如果你逐章逐节阅读完了《思维导图高效决策法》的内容,就已经具备了收集证据、连接要点、提出解决方案与达成目标所需的技能。整个过程需要深思熟虑,结果也会更为高效。我们希望你能持续调适,并提炼所运用的策略,在变化的环境中不断得到提升。以下是对每一章要点的回顾梳理。

部分	章	要点总结
	第○章	问题并非简单存在,我们会主动选择与描述它们。优秀的决策者会从第○个问题开始:"我面对的问题是什么?"反过来思考一下问题描述:"谁提出了问题?它们当中隐含的利益是什么?"然后,再考虑重新组织问题描述是否能改善现状。这个问题需要解决吗?是否得立即采取行动?一定要由我来做吗?
一	第一章	人类并不具有与生俱来的检验错误理念的机制,也不擅长承认自己知识贫乏与无知。恰恰相反,我们通常会寻求支持与确认自己偏见的相关证据,并编造各种故事来填满自己认知的空白。要想成为优秀的问题解决专家,至关重要的一点是,必须经常反思现有的观念体系,调整自信的水平,并主动提醒自己保持谦逊的心态

续表

部分	章	要点总结
	第二章	我们的思维会选择走各种各样的捷径帮助我们穿行于这个世界。这当中最大的麻烦是决策环境在不停改变，当今世界中社会条件的设定会引起各种类型的偏差，在收集数据与证据的过程中，三类偏差最具相关性：首先是我们会将信息简单化与类型化，其次是会过快地接受看上去合理的故事，最后我们几乎是与生俱来会固执己见。主动消除自身的偏差需要时间，但可以通过有效的方式来解决。我们要承认自己的认知可能存在扭曲，与此同时，要刻意训练自己的思维由系统 1 向系统 2 切换
	第三章	分析中首先使用的数据会决定你的结果产生多大效用，甚至决定它是否有用。要确保你数据的高质量，也要形成合理的假设。要不停探寻超出平均水平的方法，对你的数据要有全局性的掌控（通过关注描述性统计数据，形成隐含的数据分布观点），这才是真正的要点所在
二	第四章	一般来说，存在的问题与收集的数据都是复杂而凌乱的，树形图作为有效的思维结构化工具，可以提供更为高效的沟通方式。树形图可以将某个趋势或体系形成的驱动因素进行分解，再将数据去均值化后，找出问题的根本原因。这可以是组织一个结构化的演讲、项目或是个人假期。树形图需要你具有 MECE 思维，也能让你以更深层次与更为清晰的方式来理解数据与问题

续表

部分	章	要点总结
	第五章	我们大脑预设的程序会自动试图在繁杂的数据中寻找固定模式，但是，实际上我们常常被随机性所利用，因此，想要建立一套可靠而且可行的规则十分困难，如果在少数可用的数据的基础上实施，同时存在运气成分的影响，这变得难上加难。要克服均值回归的影响，先思考一下，你所观察到的各种成功的案例中，有多少成分是因为运气的因素所导致。必须训练自己反事实的推理能力（应该发生但未发生的情形），来尝试找到更多的历史基础数据进行分析
	第六章	系统是由相互影响的独立部分组成的结合体。社会环境、群体与组织都是系统的表现形式，在探寻系统的秘密时，最经典的方式是从辨识因果连接开始，比如"A 导致 B 导致 C"。当 C 直接或间接地影响 A，这被称为反馈循环，循环中会出现一些新的行为方式，比如指数级增长（增强的反馈循环），或是收敛（平衡的反馈循环）。根据你设定的目标，可以尝试创建、调整或停止循环。系统性思维的策略能让你更好地分析各种存在的循环，以找到最佳的干预点
三	第七章	我们在决策时，常常会将一些无关的因素纳入考虑范围，例如，过去已经发生的事情，或是已经支付的成本。在权衡整体的收益与成本时，我们也会落入全有或者全无的逻辑陷阱，这会让问题变得沉重而复杂。边际思维是很好的对比工具，它在本质上是一种经济学思维，只要求你将相关的变量考虑在内，在充分权衡增加的收益与支付的成本后，边际思维提供了理性决策的基础

续表

部分	章	要点总结
	第八章	许多选择并不会像你第一眼看上去那样简单直接。同理，许多看起来复杂而烦冗的决策，也完全可以快速有效地进行简化。每一个选项都存在各自不同的优势与弊端，我们常常难以做出正确的抉择。计分模型能精密设置相应的标准、权重与得分，从而提供给你一个有效且有力的评估方式。运用计分模型可以令沟通更为顺畅与便捷，充分探讨存在的可能性后，最终达成对你有利的解决方案
	第九章	怎样才能知道方案真正有效？我们如何才能保证采取的行动会达到预期效果呢？在理解因果关系时，我们通常猜测、模仿他人或者沿袭以前的经验。结果往往令人失望，你所遵循的经验可能只在特定情况下适用，一旦环境发生变化，这些方法就会统统失效。试验能检验你的解决方案，测试它们是否能经受得住现实的压力与打击。与此同时，在你拥有足够数量的样本情况下，对试验组与对照组用随机对照试验（比如 A/B 测试），或者，在只存在一个选择主体的情况下，选择采用序列试验方式
四	第十章	持有在未来再进行选择的期权（并非义务）对你的意义特别大，尤其是在变化莫测的环境中，具有确定性的机会往往难以把握。期权的应用场景也非常广泛，充分理解与评估期权的价值，是对冲未知风险的一项重要技能。你的目标应该是巧妙地创建与应用期权，做出最优决策。请记住，一个真实存在的期权，一般不会免费赠予。要将未来的选择作为现在的期权充分考虑，并为每一项期权赋予相应合理的价格

续表

部分	章	要点总结
	第十一章	激励手段是用来驱动个体达成目标的有效工具，在我们所处的世界里，激励体系错位是产生冲突与效率下降的主要原因之一，这需要你提前对预期的结果进行分析，做好相关的输入与激励体系的设计，以达到理想的效果。同时，能避免一些常见的风险: 比如道德风险与委托 – 代理问题。对于无效的激励措施要给予充分关注，请记住，内部激励措施在长期内能帮助你改善业绩表现
	第十二章	越是重要的目标，就越难以轻易达成。但如果你能提早规划，关注行动过程的每一步，做好决策的反思与回顾，面对再重大繁复的项目，你也会得心应手。规划与执行是可以通过学习与训练获取的技能，长期持续的练习会带来稳定的提升。无论是团队、个人还是群体，都可以通过有效规划、执行与反思来提高成功的概率。可以运用的工具包括但不限于关键路径的识别、事前验尸与决策审计

将理念付诸实施

到了即将结束这本书的时候了，我们由衷地为你感到兴奋，同时也希望你跟我们一样，在日常积累与提炼这些思维策略的过程中，偶尔也遇到过几次让你发出"啊哈"的顿悟感叹。也许你已经对在工作或者生活中验证过的一些策略驾轻就熟，只是没有察觉这些方法运用场景会如此广泛。或者，在阅读这本书的时候，你才意识到这些模型其实在过去的经历中有过应用，也产生了相应的效果。

下一步是如何将这些已经掌握的思维策略在未来一一付诸实施。在这里，我们向你发出立即行动的邀请函。首先，我们会提出以下几点中肯的建议：

- 在接下来的4周里，用提出新问题的方式，来让你的思维节奏慢下来，翻翻这本书找到应对策略。一般情况下，我们会直接进入解决问题的模式，常常会忘了退后一步，沉下心来思考该采用哪种思维策略。你需要形成有意识选择与应用思维策略的习惯，至少在一个约定的期限内这样做。给它们一个施展的机会吧！

- 花点时间，回顾与评价在某个特定情形下所用的思维策略。它们是否达到了预期的效果？它们是否让你将自己的理念表达得更为精准？它们是否让你发现向均值回归的趋向？它们是否能帮助你聚焦于形成边际差异的事情上去呢？

- 寻找一位可靠的合作伙伴，尝试去接近某位与你同样愿意为提升决策技巧与质量做出投入的人，与他一道充分讨论问题，相互分享自己新的理念与策略。

● 按照我们推荐的书目与网络博客对主题展开深入阅读，我们建议你花点时间看看本书附录中所收集的资源列表，这些内容让我们俩都受益匪浅。

这仅仅是一个漫长旅程的开端，连接与搭建策略体系的努力，会贯穿你的整个人生——虽然有可能让你殚精竭虑，但非常值得。我们希望你开始创建属于自己的概念与思维，并将工具与框架一步步累积成体系，来应对当今这个VUCA的现实世界。在此过程中，你会路经熟练选择、反思，甚至放弃思维策略的一系列程序，你不必要去追求思维策略的复杂性与全面性，请记住，不停在现实中进行试验，才是最佳的应用方式。

这本书刚开始的时候，我们建议你从头至尾对内容进行通读，或者，可以有选择地将它作为一份参考指南与行动手册，甚至对于我们采取行动非常重要的概念。你可以以任何方法重读它，在某个大型会议之前，人生的某个拐点，或是遇到某件让你大脑想起一个或数个曾经遇到过的思维策略时，重新打开这本书，找到相应的内容再反复阅读。

//////////////////////// **保持联络** ////////////////////////

这项工作最有意义的部分，是看到人们将不同的思维策略组合在现实中加以运用。他们以期权的思维来思考未来的选择，形成相应的观念与方法后，以元视角考虑各种问题。你现在也成了这个群体中的一分子，在这当中加以熟练运用，满怀热情地在工作与生活中付诸实施。欢迎加入我们创建的思维策略俱乐部，这个群体日益壮大，我们越发感到欣喜。

请登录MentalTactics.com网站与我们互动，并订阅推特账号@MentalTactics，获取我们的最近动态。如果你有新的思考与反馈，请及时向我们反馈，这是我们最乐意接收的信息。

- 在我们介绍的内容当中，哪些概念与你产生了最强烈的共鸣？

- 哪些思维策略你已经在反复运用，你是如何操作的？

- 你曾向他人分享过哪些思维策略？

- 哪些试验对你来说行不通？或者对于任何序列试验都无法奏效？如果遇到类似的情形，请一一告诉我们。

- 有哪些你常用的思维策略，并未在这本书中收录？

面对这纷繁易变的世界，我们向你发出诚挚的请求：在清晰地思考、缜密地分析、谨慎地决策后，大胆地行动吧！

附录

信心校准

　　在本书的第一章，我们讨论了对于验证（与校准）所持有的信心等级的重要性。

　　首先，我们的理念应该具有天然的不确定性，但这并不是通常我们形成观念的方式。相反地，当我们被某件事所说服，会给予它百分之百的信心等级。用概率来表达理念的方法需要反复练习，并非我们与生俱来的能力。

　　一旦你形成了以概率表达理念的习惯，接下来就要对你的信心系统进行校准，这样概率会具备更高的可靠性与可用性。但如何才能以系统方法来改进呢？基本上，你需要得出一系列问题的答案后，才能给每个答案赋予主观的信心等级。

　　以下所列的是一个典型的问题范例："联合国由多少个成员国组成？请给出信心等级在90%以上的答案。"这个问题答案具体数量由其上限与下限的边界所决定。90%的信心意味着如果你再提出一个相似的问题，答案为真的数量在每十个回答中只有一次可能出现在边界之外。应用理性学习中心（CFAR）在网上设置了一个信心校准游戏，它由一系列类似问题所组成，用以测量你的信心水平。[83]

换一种方式，你可以开始列出预测的一个长列表。某一件事在特定时间内发生的可能性到底有多大呢？比如说，在一年之内发生？每一年的年末你将新年中将发生的事情一一记录下来，我们建议你在新年夜来临之前的几周来做这样的练习，当然，你也可以根据自己的情况选择更短一些的时间窗口，比如完成一个项目、度一个假或者其他的时间区间。在你标记做出的预测事件时，要确保它们发生的可能性是二元的——只能给出是或否、正确或错误这两种回答。此外，你要写下对此所持有的信心水平。

列表可以如下图所示：

想法（观念）	信心水平
没有新的竞争者会进入已有的市场	80%
现任的总统 × 不会被弹劾	90%
我们房子的价格会上涨 5% 以上	60%

按以上的格式列出50—100个想法，同时要保证你每一个标注出的信心水平区间内，有不同数量的选择（例如，至少有五个在80%以上信心水平的回答）。

到第二年的年末，你重新审视这个列表，标记出预测结果的对
与错，在列表中增加一列，展示最终这些观念的实际结果。

想法（观念）	信心水平	预测是否准确
没有新的竞争者会进入已有的市场	80%	正确，现在的竞争环境并未发生变化
现任的总统 × 不会被弹劾	90%	正确，总统仍然在任
我们房子的价格会上涨 5%以上	60%	错误，我们的房子的价格只上涨了 3%

在将预测结果标注之后，可以将信心水平转换为图形。

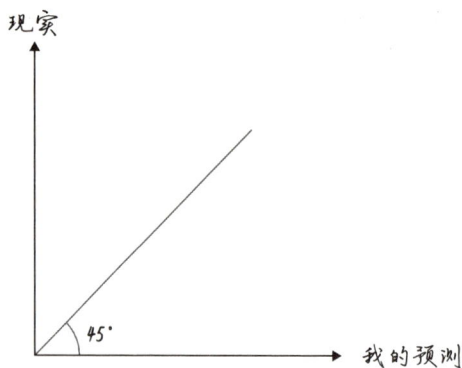

这个图表以更直观的方式展示出各项预测，并将其与现实做出比较。

将你的各项预测的信心水平合计后，装入一个更大的信心桶当中，首先从标记为"50%"的桶开始（如同你每抛一次硬币所得结果的信心水平），你所做出的这些预测有多少已经成真？在y轴上标识出所有预测事件成为事实的百分比水平。

然后，继续寻找出下一个信心桶，找出你认为发生概率在60%的事件，与现实对照后按以上方式重复，将计算出的匹配情况找到匹配的点，在图中做出标识。

依此完成接下来每一个信心桶：70%、80%、90%、100%（这表示对某件事发生或是否真实持有完全的信心）。

最后，将上图中你标识的每一个点连接起来，再画一条45°的最优化直线，与你上述形成的信心水平线进行对比。当某一个点低于最优化直线时，你的信心水平是过于自信，这意味着你比现实持有更高的信心。相对地，当一个点高于45°线，你会处于信心不足的状态中。

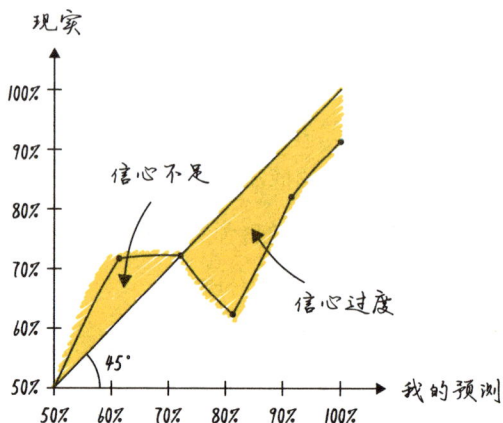

你需要经常重复以上的练习,让自己所持有的理念与现实随时校准,并对过分自信的状态进行挑战与调整。

通过掌握与运用这种方法,你不仅可以对自己的预测负责,也能与专家和专业人士做出的判断与事实一一比较,看看他们最终的准确程度。[84]

顺便提一句,以下是西蒙对2017年做出的各种预测的信心水平图的展示:

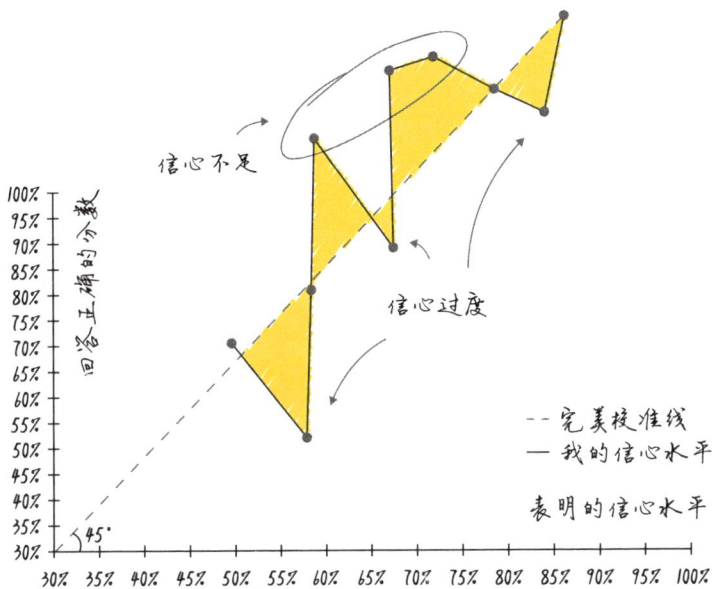

信心不足

信心过度

回答正确的分数

100%
95%
90%
85%
80%
75%
70%
65%
60%
55%
50%
45%
40%
35%
30%

45°

30% 35% 40% 45% 50% 55% 60% 65% 70% 75% 80% 85% 90% 95% 100%

-- 完美校准线
— 我的信心水平

表明的信心水平

更多资源

参考书目

Albert-Laszlo Barabasi and Jennifer Frangos: *Linked: The New Science of Networks*（2002）.

Daniel Kahneman: *Thinking, Fast and Slow*（2011）.

Darrell Huff and Irving Geis: *How to Lie with Statistics*（1993）.

Donella H. Meadows and Diana Wright: *Thinking in Systems: A Primer*（2009）.

Douglas W. Hubbard: *How to Measure Anything*（2010）.

Duncan J.Watts: *Everything is Obvious*（2011）.

Eliezer Yudkowsky: *Rationality—From AI to Zombies*（2015）.

Jordan Ellenberg: *How Not to Be Wrong*（2015）.

Kevin Simler and Robin Hanson: *The Elephant in the Brain*（2017）.

Marvin Minsky: *The Society of Mind*（1986）.

Michael J.Mauboussin: *The Success Equation*（2012）.

Nassim Taleb：*Fooled by Randomness*（2005）.

Philip Tetlock and Dan Gardner：*Superforecasting*（2015）.

Richard Feynman：*Surely You're Joking, Mr Feynman!*
Adventures of a Curious Character（1985）.

Richard Thaler and Cass Sunstein：*Nudge*（2008）.

Steven Pinker：*How the Mind Works*（1999）.

网站与播客

lesswrong.com

80000hours.org

Rationality.org

Overcomingbias.com

PaulGraham.com

Samharris.org/podcast

Rationallyspeakingpodcast.org

Ted.com/read/ted-podcasts/worklife

注释

导语

1. 我们选择"思维策略"这个词语，是受到阿尔弗雷德·柯日布斯基在一般语义学领域开创性成果的影响。他最广为人知的主张是"地图不等于疆域"。[Korzybski, A. (1958) *Science and Sanity: An Introduction to Non-Aristotelian Systems and General Semantics.* Institute of GS. p. 58.]

2. Charlie Chaplin: Modern Times (1936), distributed by: United Artists (UA), https://en.wikipedia.org/wiki/Modern_Times_(film).

3. Stiehm, Judith H. (2010) *US Army War College: Military Education in a Democracy*, Temple University Press.

第〇章

4. Meng Zhu, Yang Yang, Hsee, Christopher K. (2018) "The Mere Urgency Effect", *Journal of Consumer Research.* [Online] Volume 45 (3, October). pp. 673–690. Available from:

https://doi.org/10.1093/jcr/ucy008 [Accessed: 24 June 2019].

5. 1954年，在伊利诺伊州埃文斯顿的西北大学举办的世界基督教联合会第二次大会上，德怀特·艾森豪威尔在演讲中提到了这句格言。据他声称，这句话出自西北大学一位佚名的学院院长。

6. 这个理念通常被认为是"赚取是为了给予"。这是一项名为有效利他主义人道运动中的组成部分。

7. 对于职业选择真实影响的评价，我们可以在以下网址进行更为充分的讨论：https://80000hours.org.

第一章

8. 这个理念由实验心理学家彼得·沃森于1960年首次提出。Wason, P.C. (1960) "On the failure to eliminate hypotheses in a conceptual task", *Quarterly Journal of Experimental Psychology*, 12(3), pp. 129–140.

9. Kahneman, D., Lovallo, D. and Sibony, O. (2011) "Before you make that big decision", *Harvard Business Review*, 89(6), pp.50–60.

10. Watt, C.S. (2017) " 'There's no future for taxis': New York yellow cab drivers drowning in debt". *The Guardian.*

[Online] 20 October. Available from: www.theguardian.com/us-news/2017/oct/20/new-york-yellow-cab-taxi-medallion-value-cost. [Accessed 24 June 2019].

11. Byrne, J.A. (2018) "139 taxi medallions will be offered at bankruptcy auction". *New York Post*. [Online] Available from: https://nypost.com/2018/06/09/139-taxi-medallions-willbe-offered-at-bankruptcy-auction. [Accessed: 18 May 2019].

12. Centers for Disease Control and Prevention. (2017) "Morbidity and Mortality Weekly Report: Measles Outbreak — Minnesota April-May 2017". [Online] Available from: www.cdc.gov/mmwr/volumes/66/wr/mm6627a1. [Accessed: 24 October 2018].

13. 如果要进一步阅读，我们推荐这本著作：Bazerman, M. (2014) *The Power of Noticing: What the Best Leaders See.* Simon & Schuster.

14. 充分自信展示与典型领导者的匹配，会导致团队成员在团体中选择自恋型的领袖，即使他们的真实水平要比一致预期的逊色。参考Nevicka, B, Ten Velden, F.S., De Hoogh, AH and Van Vianen, AE (2011) "Reality at odds with perceptions: Narcissistic leaders and group performance", *Psychological*

Science, 22(10), pp.1259–1264.

15. Kruger, J. and Dunning, D. (1999) "Unskilled and Unaware of it: How Difficulties in Recognizing One's Own Incompetence Lead to Inflated Self-Assessments", *Journal of Personality and Social Psychology*, 77(6), p.1121.

16. 这项表述于美国前国防部长唐纳德·拉姆斯菲尔德对伊拉克大规模杀伤性武器召开的新闻发布会后广泛流传，其实它可以从约瑟夫·勒夫特与哈林顿·英厄姆这两位心理学家的著作中找到踪迹。

17. Hall, L. et al. (2010) "Magic at the marketplace: Choice blindness for the taste of jam and the smell of tea", *Cognition*, 117(1), pp.54–61.

18. Dennett, D.C. (2013) *Intuition pumps and other tools for thinking*. W.W. Norton & Company.

19. 理查德·费曼，美国理论物理学家（1918—1988）。

20. Tabarrock, A. (2012) "A bet is a tax on bullshit". Marginal Revolution. [Online] 2 November.Available from: https://marginalrevolution.com/marginalrevolution/2012/11/a-bet-is-a-tax-on-bullshit.html. [Accessed: 10 November 2018].

21. Sagan, C. (1979) *Broca's Brain, Reflections on the Romance of Science.* New York: Random House.

22. O' Connor, A. (2017) "Sugar Industry Long Downplayed Potential Harms". *The New York Times.* [Online] 21 November. Available from: www.nytimes.com/2017/11/21/well/eat/sugar-industry-long-downplayed-potential-harms-of-sugar.html. [Accessed: 3 April 2018].

23. Kicinski, M. (2013) "Publication bias in recent meta-analyses", *PLOS ONE*, 8(11), p.e81823.

24. Zenko, M. (2015) "Inside the CIA Red Cell: How an experimental unit transformed the intelligence community". *Foreign Policy.* [Online] 30 October. Available from: http://foreignpolicy.com/2015/10/30/inside-the-cia-red-cell-micah-zenko-red-team-intelligence/.[Accessed: 18 November 2018].

第二章

25. 双重处理理论是由威廉姆斯·詹姆斯的研究成果开始发展的。James, W. (1890) *The Principles of Psychology.* New York: Henry Holt & Co. Vol. 1, p.673.

26. 关于系统1与系统2的进一步阅读，我们推荐诺贝尔奖获得者丹尼尔·卡尼曼的杰作：*Thinking, Fast and Slow*: Kahneman, D and Egan, P (2011) New York: Farrar, Straus and Giroux.

27. 对于常规而且全面的列表选择，我们推荐维基百科所列出的认知偏差列表。以下网址可以获取：https://en.wikipedia.org/wiki/List_of_cognitive_biases.可视化版本的选择，可以参考以下网址：https://betterhumans.coach.me/cognitive-bias-cheat-sheet-55a472476b18.

28. Tversky, A., and Kahneman, D. (1983) "Extensional Versus Intuitive Reasoning: The Conjunction Fallacy in Probability Judgment", *Psychology Review 90*, 4. doi: 10.1037/0033-295X.90.4.293.

29. Carlon Rush, B. (2014) "Science of storytelling: why and how to use it in your marketing". *The Guardian*. [Online] 28 August. Available from: www.theguardian.com/media-network/media-network-blog/2014/aug/28/science-storytelling-digital-marketing. [Accessed: 2 December 2018].

30. Baron, J. and Hershey, J.C. (1988) "Outcome Bias in Decision Evaluation". *Journal of Personality and Social Psychology* Vol. 54, No. 4, pp.569-579. Available at: http://commonweb.

unifr.ch/artsdean/pub/gestens/f/as/files/4660/21931_171009.
pdf. [Accessed: 25 June 2019].

31. Project Implicit. [Online] Available from: https://
implicit.harvard.edu/implicit/. [Accessed: 1 December 2018].

32. 如果想要对内隐联结测验背后的科学原理进行更深层次的
研究，我们推荐*Banaji, M.R. and Greenwald, A.G.* Delacorte Press
(2013).

33. Morourke (2018) "Worker Centers & OUR Walmart:
Case studies on the changing face of labor in the United
States". The Case Studies Blog, Harvard Law School.
[Online] 19 June. Available from: https://blogs.harvard.edu/
hlscasestudies/2014/12/02/hbs-shares-how-to-make-class-
discussions-fair/. [Accessed: 25 June 2019].

第三章

34. Rich, N. (2013) "Silicon Valley's Start-Up Machine".
The New York Times Magazine. [Online] 2 May. Available
from: https://www.nytimes.com/2013/05/05/magazine/
y-combinator-silicon-valleys-start-up-machine.html.

[Accessed: 11 November 2018].

35. Rich, N. (2013) "Silicon Valley's Start-Up Machine". *The New York Times Magazine.* [Online] 2 May. Available from: www.nytimes.com/2013/05/05/magazine/y-combinator-silicon-valleys-start-up-machine.html. [Accessed: 18 November 2018].

36. Azoulay, P., Jones, B., Daniel Kim, J. and Miranda, J. (2018) "Research: The Average Age of a Successful Startup Founder Is 45". *Harvard Business Review.* [Online] 11 July. Available from: https://hbr.org/2018/07/research-the-average-age-of-a-successful-startup-founder-is-45. [Accessed: 18 November 2018].

37. 关于结构性思考, 一般而言, 仅限于解决量化问题, 同时能更好地进行系统性思维。我们推荐阅读Barbara Minto's *The Pyramid Principle.* Originally published in 1978, it is what Australians would call "an oldie but a goodie". Minto, B. (2009) *The Pyramid Principle: Logic in Writing and Thinking.* Pearson Education.

38. 关于数据缺失的问题, 研究科学家、数据分析师与系统工程师都在密切关注。对我们而言, 也必须要引起重视。如果有兴

趣做进一步研究，我们推荐阅读Raghunathan, T. (2015) *Missing Data Analysis in Practice*. Chapman and Hall/CRC.

39. 如果想对分布做进一步的阅读，我们推荐Tegmark，M. (2014) *Our Mathematical Universe: My Quest for the Ultimate Nature of Reality*. Vintage.

40. Crockett, Z. (2015) "The most prolific editor on Wikipedia". Priceonomics. [Online] 14 October. Available from: https://priceonomics.com/the-most-prolific-editor-on-wikipedia/.[Accessed: 20 February 2019].

第五章

41. Marcus Aurelius, Meditations, IV, 3.

42. 如果想对技巧与运气之间的关系这个主题进行更为全面的探讨，可以参考Mauboussin, M.J. (2012) *The Success Equation: Untangling Skill and Luck in Business, Sports, and Investing*. Harvard Business Review Press.

43. 图表中的每一个点都代表父母与子女的平均身高值。每升高一英寸（2.54厘米），数据就会出现图表中所展示的重叠现象。

44. Galton, F. (1886) "Regression towards mediocrity in

hereditary stature", *The Journal of the Anthropological Institute of Great Britain and Ireland*, 15, pp.246–263.

45. Collins, J.C. (2001) *Good to Great: Why Some Companies Make the Leap ... and Others Don't.* New York, NY: HarperBusiness.

46. Henderson, A.D., Raynor, M.E. and Ahmed, M. (2012) "How long must a firm be great to rule out chance? Benchmarking sustained superior performance without being fooled by randomness", *Strategic Management Journal*, 33(4), pp.387–406.

47. Mauboussin, Michael J. (2012) *The Success Equation: Untangling Skill and Luck in Business, Sports, and Investing.* Harvard Business Review Press.

第六章

48. Meadows, D.H. (2008) *Thinking in Systems: A Primer.* Chelsea Green Publishing, p. 2.

49. 位于图表中央的R表示反馈循环的类型（加强型），同时也指出了循环运转的方向（顺时针）。

50. 调整后的范例可以参考 Kim, D.H. (1994) *Systems*

Archetypes II: Using Systems Archetypes to Take Effective Action (Vol. 2). Pegasus Communications.

51. 这个范例是受到下面作品的启发：J.D. Moizer (1999) in *System Dynamics Modelling of Occupational Safety: A Case Study Approach.*

52. 韦氏词典中关于系统的定义。以下网址可以获取：www.merriam-webster.com/dictionary/system [Accessed：15 April 2018].

第七章

53. Stevenson, B. and Wolfers, J. (2008) *Economic Growth and Subjective Well-being: Reassessing the Easterlin Paradox.* NBER Working Paper No. 14282.

第八章

54. 如想获取更多的相关信息，我们推荐 Johnson, S. (2018) *Farsighted: How We Make the Decisions that Matter the Most.* Penguin.

55. 关于这个话题的更多讨论，我们推荐 Paul Nutt's excellent book: Nutt, P. (2002) *Why Decisions Fail: Avoiding the Blunders and Traps that Lead to Debacles*. Berrett-Koehler Publishers.

56. 对于支持此项声明的更多背景细节，可以参考Hubbard, D.W. (2010) *How to Measure Anything: Finding the Value of Intangibles in Business*. John Wiley & Sons.

57. 这当然不是真的，西蒙的安全意识特别强。

58.这张表格与所有相关的计算都能从 Decision Makers Playbook.com下载。

第九章

59. Thomke, S. and Manzi, J. (2014) "The discipline of business experimentation". *Harvard Business Review*. 92(12), p.17.

60. Branwen, G. (2008) "Melatonin improves sleep, & sleep is valuable". Melatonin. [Online] 19 December. Available from: https://www.gwern.net/Melatonin. [Accessed: 7 November 2018].

61. 这里是指样本大小为1的实验。

62. Augemberg, K. (2012) "Quantified Self How-To: Designing

Self-Experiments". *h+ Magazine*. [Online] 14 November. Available from: http://hplusmagazine.com/2012/11/14/quantified-self-how-to-designing-self-experiments/. [Accessed: 25 June 2019].

第十章

63. Damodaran, A. (2007) *Strategic Risk Taking: A Framework for Risk Management*. Pearson Prentice Hall, p.262.

64. 我们假设只有外部因素（比如家庭中发生的事件或是来自其他城市的工作机会）才能影响她所签租约的长短。为了进一步简化，我们将安妮的决策树选择项缩小至两项：完整履行租约或是在12个月后离开。

65. 用以放弃的期权与签订合约的期权紧密关联。与用以切换的期权类似，签订合约的期权原则上指在客观条件变得不利时，你随时可以从项目中撤出（但与用以切换的期权不同，签订合约的期权不具备重新启动项目的权利）。

第十一章

66. 大多数的政治科学家与经济学家会指出委托-代理问题只是

道德风险的一种变化形式，对此我们并不认同。实际上，我们不仅会经常遇到委托-代理问题发生的情形，同时也会面对其存在的潜在危害，所以需要将委托-代理问题单独分类，并引起重视。

67. 2007年开始爆发的次贷危机，是我们最近能记起的关于激励失调的最典型的例子。如果想要做进一步的了解，可以参考 Bethany McLean and Joe Nocera's *All The Devils Are Here* (2010), Portfolio Press and Michael Lewis' *The Big Short* (2010), W.W. Norton & Company.

68. 事实上，整个独立财务顾问行业都要为这个特定的困境负责。当他们在除了客户之外的其他人手中获取报酬时，委托-代理问题就会消失。

69. 关于如何运用损失厌恶来提升职业表现，我们向你诚挚推荐 Rosamund Stone Zander and Benjamin Zander's book: Zander, R.S. and Zander B. (2002) *The Art of Possibility Transforming Professional and Personal Life*. Penguin Books.

70. Strathern, M. (1997) "Improving ratings: audit in the British University system". *European Review* 5. pp.305–321.

71. Bareket-Bojmel, L., Hochman, G. and Ariely, D. (2017) "It's (not) all about the Jacksons: testing different types of short-term bonuses in the field". Journal of Management.

43(2), pp.534-554.

72. 如果想获取更多类似的思维，我们推荐Dan Ariely's lovely little book: Ariely, D. (2016) *Payoff: The Hidden Logic That Shapes Our Motivations*. TED Books.

73. 请参考Chip Health's article: Health, C. (1999) "On the Social Psychology of Agency Relationships: Lay Theories of Motivation Overemphasize Extrinsic Incentives". *Organizational Behavior and Human Decision Processes*. Vol. 78, No. 1, pp. 25-62.

74. Deci, E.L., Koestner, R. and Ryan, R.M. (1999) "A meta-analytic review of experiments examining the effects of extrinsic rewards on intrinsic motivation". *Psychological Bulletin*. 125(6), p.627.

第十二章

75. Kahneman, D. and Tversky, A. (1979) "Intuitive Prediction: Biases and Corrective Procedures". TIMS Studies in Management Science. 12: 313-327.

76. Blenko, M., Mankins, M. and Rogers, P. (2010) "The Decision-Driven Organization". *Harvard Business Review*. [Online]

June. Available from: https://hbr.org/2010/06/the-decision-driven-organisation.

77. Prasad, V. (2010) "Reclaiming the morbidity and mortality conference: between Codman and Kundera". *Medical Humanities*. 36(2), pp.108–111.

78. Di Stefano, G., Gino, F., Pisano, G.P. and Staats, B.R. (2016) *Making Experience Count: The Role of Reflection in Individual Learning*. Harvard Business School.

第十三章

79. Y Combinator. Available from: https://old.ycombinator.com/munger.html. [Accessed: 21 November 2018].

80. 关于更多约会与人际关系在过去一个世纪里的变迁，我们推荐Ansari, A. and Klinenberg, E. (2015) *Modern Romance*. Penguin.

81. 杰出的历史学家赫拉利经常使用这个短语。Harari, Y.N. (2018) *21 Lessons for the 21st Century*. Random House.

82. 同上。我们对阿尔弗雷德·柯日布斯基所说的这句话深表赞同。Korzybski, A. (1958) *Science and Sanity: An Introduction to*

Non-Aristotelian Systems and General Semantics. Institute of GS. p.58.

附录

83. Critch, A. (2012) "The Credence Calibration Game, by CFAR – an overview". Available from: http://acritch.com/credence-game/. [Accessed: 9 December 2018].

84. 关于准确预测的这个话题，我们特别推荐Philip Tetlock's and Dan Gardner's book Tetlock, P. and Gardner, D. (2016) *Superforecasting: The Art and Science of Prediction*. Random House Books.它将如何准确判断项目中的成果进行综合，得出以下结论：一些经过特定挑选的业余人士要比专家与专业人士预测得更加精准。

著作权合同登记号：图字 18-2021-191

图书在版编目（CIP）数据

思维导图高效决策法 /（德）西蒙·米勒（Simon Mueller），（澳）朱莉娅·达尔（Julia Dhar）著；肖志文译. -- 长沙：湖南文艺出版社，2021.12

书名原文：The Decision Maker's Playbook

ISBN 978-7-5726-0417-1

Ⅰ. ①思… Ⅱ. ①西… ②朱… ③肖… Ⅲ. ①决策—通俗读物 Ⅳ. ①C934-49

中国版本图书馆 CIP 数据核字（2021）第 204108 号

上架建议：决策·管理

SIWEI DAOTU GAOXIAO JUECE FA
思维导图高效决策法

作　　者：［德］西蒙·米勒（Simon Mueller）
　　　　　［澳］朱莉娅·达尔（Julia Dhar）
译　　者：肖志文
出 版 人：曾赛丰
监　　制：秦　青
责任编辑：刘雪琳
特约策划：曹　煜
文字编辑：王子佳
营销编辑：王思懿
版权支持：金　哲
版式设计：潘雪琴
出　　版：湖南文艺出版社
　　　　　（长沙市雨花区东二环一段 508 号　邮编：410014）
网　　址：www.hnwy.net
印　　刷：三河市中晟雅豪印务有限公司
经　　销：新华书店
开　　本：875mm×1230mm　1/32
字　　数：194 千字
印　　张：9.5
版　　次：2021 年 12 月第 1 版
印　　次：2021 年 12 月第 1 次印刷
书　　号：ISBN 978-7-5726-0417-1
定　　价：58.00 元

若有质量问题，请致电质量监督电话：010-59096394
团购电话：010-59320018